Karl Kopp

Das Kippenheimer Lied

Dank

Dass diese Arbeit veröffentlicht werden kann, verdanke ich der Bereitschaft des Fördervereins Ehemalige Synagoge Kippenheim e. V. als Herausgeber, vertreten durch seinen Vorsitzenden, Herrn Jürgen Stude, und ebenso der freundlichen Unterstützung durch die MitarbeiterInnen der Gemeindeverwaltung Kippenheim, dem Geschick meines Enkels Philipp und meiner Schwiegertochter Tine im Umgang mit den neuen Medien sowie der Nachsicht meiner Frau Jutta, wenn ich wieder einmal „mit den Kindern Israels" beschäftigt war.

Karl Kopp

Karl Kopp

Das Kippenheimer Lied

Eine badische Volksschule
und ihre israelitischen Kinder

Herausgegeben vom Förderverein
Ehemalige Synagoge Kippenheim e. V.

seitenweise

Herausgeber: Förderverein Ehemalige Synagoge Kippenheim e. V.
Vorwort des Herausgebers: Jürgen Stude

Das Kippenheimer Lied – Eine badische Volksschule und ihre israelitischen Kinder:
Karl Kopp

Abbildungen: Soweit die Quelle nicht bei der jeweiligen Abbildung angegeben ist, sind alle Abbildungen und Grafiken von Karl Kopp und Philipp Faller

Herstellung, typographische Gestaltung, Satz und Bildbearbeitung – unter Verwendung eines Umschlagentwurfs von Philipp Faller und in Anlehnung an den Innenentwurf von Martina Sester: punktgenau GmbH, 77815 Bühl

Druck und buchbinderische Verarbeitung: Kraft Premium GmbH,
76275 Ettlingen
Printed in Germany

Bibliografische Information der Deutschen Bibliothek:
Die Deutsche Bibliothek verzeichnet diese Publikation in der Deutschen Nationalbibliografie; detaillierte bibliografische Daten sind im Internet über http://dnb.ddb.de abrufbar.

Deutsche Erstausgabe
1. Auflage 2017

www.seitenweise-verlag.de
ISBN 978-3-943874-23-5

Widmung

In der Geschichte der Kippenheimer Schule sind
zwei historische Stränge eng verwoben:
Die Geschichte einer badischen Volksschule und
das Schicksal ihrer Schüler israelitischer Konfession.
Diese Arbeit widme ich allen jüdischen Kindern Kippenheims,
in besonderer Weise Hedy Epstein, Inge Auerbacher,
Kurt S. Maier, die dieser Schule und mir
eng verbunden sind, sowie allen, von denen
sie wünschen, dass ihre Seelen eingebunden seien
im Bund des Lebens.

Inhalt

Vorwort des Herausgebers

Karl Kopp war von 1994 bis 2001 Schulleiter der Grund- und Hauptschule mit Werkrealschule Kippenheim. Als Kenner der Geschichte des badischen Schulwesens und der jüdischen Lokalgeschichte ist er prädestiniert, über „Die Volksschule Kippenheim und ihre Kinder israelitischer Konfession" zu forschen. Während der Untertitel seines Buches klar macht, um was es in diesem geht, überrascht der Haupttitel: „Das Kippenheimer Lied". Wer sich näher mit der Kippenheimer „Nationalhymne", beschäftigt, findet in der achten Strophe, was Karl Kopp antrieb, das vorliegende Buch zu schreiben:

Friede herrscht in der Gemeinde, wenn das Schimpfen fertig ist,
im gemütlichen Vereine leben alle, Jud und Christ.
Jeder schafft nach Wohlgefallen, oder pflegt der Ruhe süß,
darum soll dein Lob erschallen: Kippenheim, du Paradies.

Das „Kippenheimer Lied" stammt aus der Feder des katholischen Pfarrers Wilhelm Kurz, der zwischen 1877 und 1887 in Kippenheim wirkte. Der jüdische Lehrer Hermann Zimmern (1882–1922 in Kippenheim), als Leiter der Volksschule einer der Vorgänger des Autors im Amt, übte es mit seinen Klassen ein und trug so wesentlich zur Popularität des Liedes bei. Sicherlich wussten der katholische Pfarrer und der jüdische Lehrer um die vielen Konflikte zwischen Katholiken und Protestanten oder zwischen beiden und der jüdischen Minderheit, die immer wieder den Dorffrieden bedrohten. Gegen eine solche „Streitkultur" setzte das Kippenheimer Lied das Ideal eines Miteinanders, das getragen ist von Frieden, gegenseitigem Respekt und Würde – von hohen zivilisatorischen Gütern, die, wie Geschichte und Gegenwart leider zeigen, immer wieder neu erkämpft, gepflegt und verteidigt werden müssen. In den Dienst dieses Ringens um eine bessere Welt stellt auch Karl Kopp seine Arbeit.

Grundlage der Untersuchung des Autors sind vor allem Dokumente aus dem Kippenheimer Gemeindearchiv. Ergebnis der von ihm vorgenommenen Sichtung und Auswertung von Archivalien und einschlägiger Literatur sind ein lückenloser Überblick über die Präsenz jüdischer Kinder und Jugendlichen in der Kippenheimer Volksschule. Insgesamt

218 israelitische Schulkinder konnte der Autor für die Jahre 1880 bis 1938 ermitteln. Die Einrichtung der Kippenheimer Volksschule war im Zuge der Einführung der Simultanschule erfolgt, von der sich die badische Regierung u. a. eine Integration der verschiedenen Konfessionen in dem noch jungen Großherzogtum versprach. Ein gewaltiger Kraftakt war damit verbunden – auch in Kippenheim, wo Katholiken, Evangelische und Juden schon seit langem mehr oder weniger friedlich zusammenlebten. Die drei konfessionellen Schulen des Ortes wurden aufgelöst und die Kinder der evangelischen, katholischen und jüdischen Familien mussten fortan gemeinsam die Schulbank drücken.

Die aus liberalem Geist geborene gemeinsame Erziehung wurde von den 1933 an die Macht gekommenen Nationalsozialisten sofort in Frage gestellt. Besonders hart traf die von ihnen mit Gewalt betriebene Trennung zwischen Juden und Christen die Kinder. Welch seelischer Druck auf ihnen lastete, lässt sich aus den Kindheitserinnerungen der ehemaligen jüdischen Schülerinnen und Schüler der Kippenheimer Schule erahnen, die Karl Kopp in seinem Buch zu Wort kommen lässt. Nach dem Novemberpogrom 1938 mussten die letzten zwei jüdischen Kinder die Kippenheimer Schule verlassen. Ihre Vertreibung ist in den Schülerlisten mit knappen Worten vermerkt.

Die Einbettung der Darstellung der Schicksale der jüdischen Kinder Kippenheims in eine gründlich aufgearbeitete Schulgeschichte macht den besonderen wissenschaftlichen Wert dieser Veröffentlichung aus. Doch will Karl Kopp sein Buch nicht nur als Geschichtswerk verstanden wissen. Ihm geht es vor allem um die Erinnerung und die ihr innewohnende zivilisatorische Kraft. Selbst die akribisch erstellten Schülerlisten im Anhang seines Buches dienen in erster Linie dem Gedenken: „*So sollen sie alle, deren Stamm und Andenken ausgelöscht werden sollten, namentlich in Erinnerung gerufen werden, in Respekt vor der jedem Menschen eigenen einzigartigen Würde.*“

Als ein Verein, der sich die Erinnerung an das einstige jüdische Leben in der Ortenau zur Aufgabe macht, freuen wir uns vom „Förderverein Ehemalige Synagoge Kippenheim e. V.“ sehr, zum Erscheinen dieses wichtigen Buches beitragen zu dürfen und wünschen ihm eine breite Leserschaft.

Jürgen Stude, Vorsitzender des Fördervereins
Ehemalige Synagoge Kippenheim e. V.

Kippenheim – eine badische Simultanschule

In zwei Büchern der Schule Kippenheim finden wir, handschriftlich eingetragen, die Schulanfänger mit ihren persönlichen Daten, teilweise mit Anmerkungen versehen. Die ältere der beiden Listen reicht vom Jahre 1886 bis 1956 (Liste A). Die zweite (Liste B) beginnt 1934 und endet 1955[1]. Das Rathausteam unterstützte mich bei der Arbeit im Gemeindearchiv, bei der Aufarbeitung der Listen und mit der Bereitstellung weiterer Quellen. Bei der Auswertung der Namen, Daten und Zahlen stütze ich mich hauptsächlich auf die umfangreichere und mit mehr Anmerkungen versehene Liste A.

Die Schule der Gemeinde Kippenheim war ab 1874, wie später alle Volksschulen im Großherzogtum Baden, eine „Simultanschule" unter staatlicher Aufsicht. Das heißt, alle Kinder gingen in eine gemeinsame Schule, unabhängig von ihrer Konfession. Somit finden sich in ihren Listen mitten unter den katholischen und evangelischen auch die Kinder israelitischen[2] Bekenntnisses, diese allerdings nur bis 1938, als die letzten von ihnen aus der Schule gewiesen wurden. Damit steht die Geschichte der Volksschule Kippenheim exemplarisch für viele andere Schulen in badischen Orten mit jüdischer Bevölkerung.

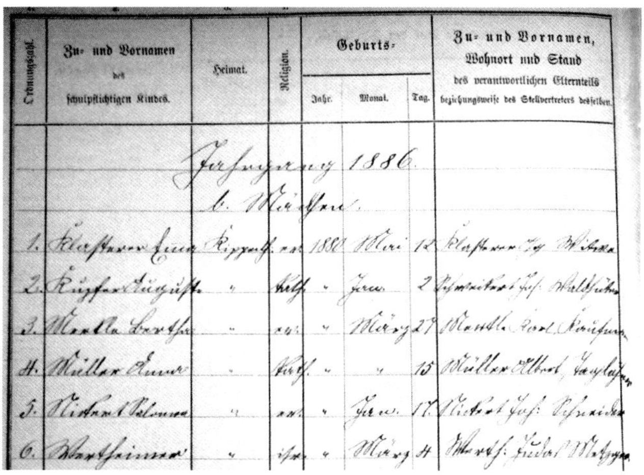

Auszug aus dem ersten Einschulungsjahrgang der Liste A

→ *Jahrgang 1886, b. Mädchen*

→ *6. Wertheimer* (Rosa),*Kippenh., isr., 1880 März 4., Werth. Julius Metzger*

Im ersten Jahrgang der Schülerliste der Volksschule Kippenheim, 1886–1956, finden wir das erste israelitische Kind.

Mit dieser Arbeit will ich die Kippenheimer Schülerliste in ihre Kontexte hineinstellen. Einerseits in die geschichtlichen Zusammenhänge, von den konfessionellen Schulen des 18. Jahrhunderts über die auf Integration zielende badische Schulpolitik, bis zum brutalen Ende aller Toleranz im „Dritten Reich" und dann auch in den Kontext der örtlichen Schul- und Kommunalgeschichte.

Beginnend mit Rosa[3] Wertheimer sind aus den Listen der Schule alle Kinder israelitischer Konfession in die eigene Liste „Israelitische Kinder der Volksschule Kippenheim 1886 bis 1938" (Anhang 2) aufgenommen. So sollen sie alle, deren Stamm und Andenken ausgelöscht werden soll-

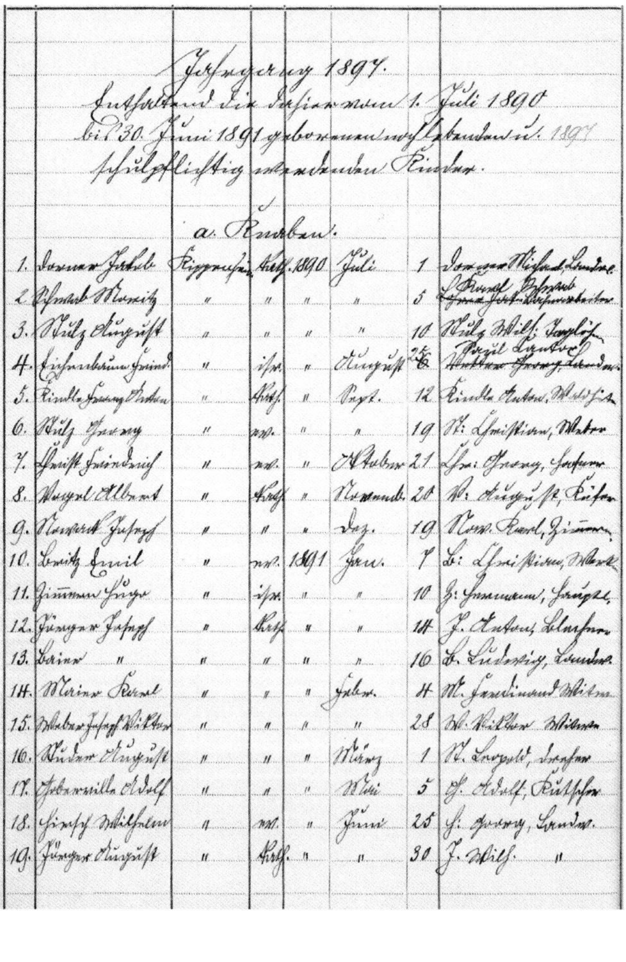
Jahrgang 1897.

a. Knaben:

Aus Liste A: Einschulungsjahrgang 1897, Knaben

Unter den 19 Erstklässlern finden sich die israelitischen Kinder Friedrich Eichenbaum (4.), Sohn des Cantors Saul Eichenbaum und Hugo Zimmern (11.), Sohn des Hauptlehrers Hermann Zimmern.

ten, namentlich in Erinnerung gerufen werden, in Respekt vor der jedem Menschen eigenen einzigartigen Würde.

Auf dem Hintergrund der Geschichte des zu Beginn des 19. Jahrhunderts neu geformten Staates Baden und seiner Bildungspolitik erschließt sich die Geschichte der Volksschule Kippenheim und das Schicksal ihrer israelitischen Kinder aus den allgemein zugänglichen Veröffentlichungen zur jüdischen Geschichte Kippenheims und der Region, sowie anhand der örtlichen Quellen. Diese örtlichen Quellen sind: Für die Zeit der konfessionellen Schulen das „Befehl-Buch zur Evangelischen Schule in Küppenheim" (1777–1853) und das örtliche katholische Pfarrarchiv; für die Zeit des Übergangs zur kommunalen Volksschule („Simultanschule") das „Protokollbuch des Gemeinderats Kippenheim" (1861–1893); für die Entwicklung der Schule bis 1933 das „Protokollbuch der örtlichen Schulaufsichtsbehörde der Gemeinde Kippenheim" (1893–1933); für die Jahre des „Dritten Reiches" die Akten des Gemeindearchivs, Protokollbücher des Gemeinderats (1930–1945) sowie das Kippenheimer Ortssippenbuch[4]. Für persönliche Informationen danke ich Hedy Epstein, Inge Auerbacher und Kurt S. Maier.

Das Großherzogtum Baden – Start in eine neue Ära

Baden erfuhr während der beachtlichen 67 Regierungsjahre seines Monarchen Karl Friedrich (* 1728, † 1811) eine erstaunliche Entwicklung. Zunächst war die Markgrafschaft auch nach der Wiedervereinigung der baden-badischen (katholischen) mit den baden-durlachischen (evangelischen) Gebieten im Jahre 1771 eine kleine zersplitterte Herrschaft im deutschen Südwesten geblieben. Doch dank seiner Loyalität zu Napoleon – für 6000 badische „Landeskinder" bedeutete sie noch 1812 Tod und Elend auf dessen in der Katastrophe endenden Marsch nach Moskau – war Markgraf Karl Friedrich durch den Regensburger „Reichsdeputationshauptschluss" 1803 zunächst Kurfürst, dann 1806 mit der Rheinbundakte Großherzog geworden. Sein Herrschaftsbereich war auf das Vierfache der bisherigen Größe gewachsen. Der Wiener Kongress bestätigte die zu Gunsten des Hauses Baden geschaffenen Fakten. Karl Friedrichs Regierung und die seiner Nachfolger stand nun vor der Aufgabe, das heterogene Gebilde aus unterschiedlichsten Territorien und Herrschaften zu einem zentral geführten Staat zu formen. Die an einen Schaftstiefel erinnernde geografische Form Badens und seine Ausdehnung „vom See bis zu das Maines Strand“ kann schwerlich als „Arrondierung“ im geometrischen Sinn gesehen werden. Sie reicht in einem über 400 Kilometer langen Bogen von Immenstaad am Bodensee bis nach Wertheim am Main, ist aber bei Rastatt an seiner schmalsten Stelle nur 20 Kilometer breit. Dagegen ist die Form des ebenfalls neuen Königreiches Württemberg eher abgerundet und wird nördlich und südlich vom Großherzogtum umklammert. Die sehr unterschiedliche Herkunft der badischen Untertanen[5], von den Bodensee-Alemannen bis zu den Main-Franken machte die Schaffung eines einheitlichen Landesbewusstseins zu einer schwierigen Aufgabe. Und: Zwei Drittel der Untertanen des evangelischen Großherzogs waren nun Katholiken. *(Siehe dazu: Karte Kippenheim im neuen „Großherzogtum von Napoleons Gnaden“ [1801–1819]* *→ Seite 85)*

Dass es trotz dieser schwierigen Startbedingungen gelang, in den folgenden Jahrzehnten eine alle Landesteile verbindende „badische Identität“ zu schaffen, ist der für damalige Begriffe liberalen Erziehung und Staatsauffassung der Regierenden zu verdanken. Karl Friedrich, seine Nachfolger und die von ihnen berufenen Minister sahen sich in der Pflicht, ihr Land im Sinne der Aufklärung zu einem modernen, säkularen Staatswesen zu formen. Zu den wichtigsten Bausteinen des „badischen Musterländles“ wurden: Eine moderne Verwaltungsstruktur, die Einführung eines Badischen Zivilgesetzbuches, die Badische Verfassung von 1818[6], eine liberale Gesellschaftspolitik mit Gewerbefreiheit, schrittweiser Emanzipation des jüdischen Bevölkerungsteils (vom Judenedikt 1809 bis zur „vollen bürgerlichen Gleichstellung der Israeliten“ 1862) und nicht zuletzt eine fortschrittliche Bildungs- und Schulpolitik, die ebenfalls auf Toleranz, Integration und friedliches Zusammenleben aller Bürger ausgerichtet war[7].

Rückschläge und Hindernisse auf diesem Weg blieben nicht aus: Die von Österreich ausgehende Restauration nach Ende der napoleonischen Herrschaft, die Karlsbader Beschlüsse von 1819 und die Niederwerfung der Badischen Revolution 1848/49 mit Hilfe preußischer Truppen. Schließlich war es der badische Kulturkampf der Jahre 1860 bis 1876, der vor allem die katholische Landbevölkerung und das Kleinbürgertum in Opposition zur Obrigkeit brachte. Die „badische Simultanschule" war eines der Ergebnisse dieses politischen Ringens.

Die Grundstrukturen des badischen Schulwesens blieben erhalten, als das bisher souveräne Großherzogtum Baden 1871 zum Bundesstaat in dem von Preußen geführten zweiten Deutschen Kaiserreich wurde. Auch nach dem Ende der deutschen Monarchien 1918 blieb Baden als Land bestehen, bis es nach dem Zweiten Weltkrieg und kurzfristiger Existenz dreier Bundesländer im deutschen Südwesten 1952 im neuen Baden-Württemberg aufging. Die „badische Simultanschule" wurde dann bei der Schaffung der aus den Volksschulen hervorgehenden Grund-, Haupt-, Real- und Sonderschulen 1966/67 zum Vorbild für die bis dahin immer noch konfessionell orientierten Schulen im württemberg-hohenzollerischen Landesteil.

„Den Gegensatz der Konfessionen überwinden"

Die alte Markgrafschaft Baden verfügte über keine bedeutenden Bildungseinrichtungen. Die Universitäten Freiburg und Heidelberg in den ehemals vorderösterreichischen und kurpfälzischen Landesteilen wurden erste wichtige Zugewinne auf dem Bildungssektor. Mit der Gründung des Polytechnikums in Karlsruhe 1825 besaß Baden dann aber die erste Technische Hochschule Deutschlands.

Für die Volksbildung hatte Markgraf Karl Friedrich bereits im Jahre 1753 verordnet, dass alle sechs- bis dreizehnjährigen Kinder seiner Untertanen unter Androhung von Geldstrafen die Winter- und Sommerschulen besuchen sollten. Doch die „Bildung des Volkes" erfolgte zunächst noch ganz nach den religiösen Zielsetzungen konfessioneller Schulen. Ein *General=Decret*[8] *an samtliche Specialate* (evangelische Pfarrämter) *verordnete* (1776), *daß und wie der Jugend das Christenthum nicht nur in das Gedächtnis, sondern vorzüglich in den Verstand und in das Herz, deren Eltern aber die erziehungspflichten einzuprägen seyen.*

Immerhin: 1803 verfügte der für wenige Jahre zum Kurfürsten avancierten badische Landesherr die allgemeine Schulpflicht für sein gesamtes Herrschaftsgebiet, das Fernbleiben wurde mit Bußgeldern belegt.

Eine echte Entwicklung des Schulwesens spielte sich im Großherzogtum Baden während der folgenden Jahrzehnte zunächst nur bei den „höheren" Schulen, den Gymnasien und Lyzeen ab, „in der Erwägung, dass die Volksschule nur das Maß der allgemeinen Bildung berücksichtigt, welche keinem Erwachsenen fehlen soll und der großen Mehrheit der künftigen Staatsbürger für das Leben genügt."[9] Das Bildungsangebot wurde erweitert durch „lateinische Schulen", sowie für den handwerklichen und gewerblichen Bereich durch Real- und Gewerbeschulen (nicht identisch mit den heutigen Schulen gleichen Namens). 1834 wurden die Höheren Bürgerschulen, 1868 die Realgymnasien geschaffen. So geht z. B. das heutige Städtische Gymnasium Ettenheim auf die Gründung einer Höheren Bürgerschule im Jahre 1841[10] zurück. Viele Kippenheimer Schüler besuchen seit Jahrzehnten diese und andere in der „Schulstadt Ettenheim" entstandenen weiterführenden Schulen, auch wenn sich der Gemeinderat Kippenheim damals (1868) *nicht geneigt zeigte, einen ständigen Beitrag zur Bürgerschule Ettenheim* zu leisten[11].

Einen Vorausklang zum Thema „Volksschule als Simultanschule" finden wir ebenfalls schon bei Großherzog Karl Friedrich. Er verfügte im Jahre 1807, dass die drei konfessionellen Gymnasien der Lutheraner, Reformierten und Katholiken in Mannheim zum Vereinigten Großherzoglichen Lyzeum zusammengeführt wurden. Ab 1820 nahm diese Schule auch jüdische Schüler auf.

Das kirchlich-konfessionelle Schulwesen der Volksschulen im ganzen Großherzogtum einfach per Verordnung in ein staatliches umzuwandeln, war durch die aus der Verfassung erwachsenen neuen Kräfteverhältnisse nicht mehr möglich, auch nicht nach dem Scheitern der 48er-Revolution. Während der als „badischer Kulturkampf" bezeichneten Ära hatte die großherzogliche Regierung in den Liberalen einen wichtigen Partner für die Auseinandersetzungen mit den konservativen Kräften, vor allem mit der katholischen Kirche. Seit Beginn der 1850er-Jahre ging der Streit u. a. um die Besetzung kirchlicher Ämter, die Ausbildung der Theologen, die Verwaltung von Kirchenvermögen und die Zivilehe.

In die heiße Phase des Kulturkampfes fiel 1864 die Ablösung der geistlichen durch die staatliche Schulaufsicht, gegen heftigste Widerstände der Kirchen. Als nächsten Schritt ermöglichte die Volksschulreform von 1868 den Gemeinden die freiwillige Errichtung von Simultanschulen. Das 1. Vatikanische Konzil von 1870 führte zu einer weiteren Frontverhärtungen von katholischer Seite, während das „fortgeschrittenste Staatskirchenrecht Baden zum liberalen Musterstaat machte“[12]. Die badische Führung blieb auch während der Überleitungsphase zum Bundesstaat im neuen Deutschen Kaiserreich 1870/71 bei ihrer kulturpolitischen Linie: „Die Aufhebung der konfessionellen Volksschule zielte auf die Überwindung des Gegensatzes der Konfessionen und damit auf die nationale Integration durch Edukation“[13]. Das Gesetz vom September 1876 bestimmte nun: „Der Unterricht in der Volksschule wird allen schulpflichtigen Kindern gemeinschaftlich erteilt, mit Ausnahme des Religionsunterrichts.“ Für ganz Baden war also spätestens 1876 die Zeit konfessioneller Volksschulen zu Ende.

Die Lehrerbildung aber blieb noch lange getrennt nach Religionszugehörigkeit. Bis nach dem Zweiten Weltkrieg war es selbstverständlich, dass die katholischen Volksschullehrer während ihres Studiums die „Missio“, die evangelischen die „Vocatio“, d.h. die kirchliche Lehrerlaubnis für den Religionsunterricht erwarben. Sogar in der 1958 bezogenen neuen Pädagogischen Hochschule in Freiburg-Littenweiler waren die Vorlesungen zunächst noch nach Konfessionen getrennt. Erst100 Jahre nach dem „badischen Kulturkampf“ fanden im württemberg-hohenzollerischen Teil unseres Bundeslandes die letzten konfessionellen Grundschulen 1966/67 ihr Ende mit der Einrichtung der Grund- und Hauptschulen als „christliche Gemeinschaftsschulen“, ausdrücklich nach den Grundsätzen, „die am 9.12.1951 in Baden gegolten haben.“[14]

Auch die Trennung der Geschlechter in gesonderten Klassen oder gar getrennten Schulen war, zumindest auf dem Land, bereits im 19. Jahrhundert in Baden überwunden. Geschlechtsspezifische Unterrichtsfächer wie Handarbeit für die Mädchen und Werken für die Jungen gab es allerdings bis in die Nachkriegszeit oder wurden gar mit Hauswerk und Technik an den Hauptschulen ab 1966 erst neu eingerichtet, später als Wahlfächer für beide geöffnet. Eine eher dem Brauchtum zu dankende Besonderheit bei der Ausstattung der Kinder für die Schule überlebte bis in die Schulzeit der heutigen Großeltern: Die speziellen Buben- und Mädleschulranzen[15].

„Mit aller Kraft auf die sittlich religiöse Bildung hinarbeiten"

Die Absichten und Maßnahmen der badischen Regierung zur Bildung des Volkes in gemeinsamen Schulen waren die eine Seite des Problems, die in Jahrhunderten gewachsenen Strukturen des kirchlichen Schulwesens und der konfessionellen Volksbildung in den Gemeinden die andere. Auch in Kippenheim war ein mühsamer Weg zu gehen von den durch die örtliche Geistlichkeit beaufsichtigten konfessionellen Schulen, hin zur „Simultanschule" unter staatlicher Aufsicht. Mit der israelitischen kam sogar ab 1835 die Schule einer weiteren Religionsgemeinschaft dazu[16].

Am *Befehl-Buch*[17] *zur Evangelischen Schule Küppenheim,* angelegt im Oktober 1777, können wir die Jahrzehnte bis zum Abschluss des Buches am 26. Mai 1854 nachvollziehen. Die Anweisungen zum Unterricht kamen direkt von der Regierung in Karlsruhe; die Kosten für Schulräume und Lehrerbesoldung mussten aber von der Gemeinde und von den Bürgern getragen werden.

Dieses *Befehl-Buch* wird eröffnet mit der *Fürstlichen Verordnung, daß und wie der Jugend das Christenthum nicht nur in das Gedächtnis, sondern vorzüglich in den Verstand und in das Herz einzuprägen seyen und dass die Anweisung zum Gebet aus dem Herzen nebst anderen dergleichen Übungen zu treiben* sei. Die Lehrer sollten *unter Vermeidung allen fleischlichen Zorns, wann etwa ein Kind fehlt oder anstößt, mit gänzlicher Unterlassung alles Schlagens und Schimpfens wegen etwa nicht gelernten Lehren des Christenthums, diese* (Lehren) *zugleich lieblich und angenehm machen.*

Auch didaktische Anweisungen erhalten die Schulmeister direkt aus Karlsruhe: *Besonders soll in der 3ten Claße bey den Kindern, welche zu Buchstabieren angefangen, genau darauf gesehen werden, daß* (die Kinder) *bey Aussprechung jeden Wortes den Begriff der Sache damit verbinden, also nicht leere Worte denken sollen, wozu die Vorzeigung der Sache oder ihres Bildes dienlich ist*[18].

Für die Lehrer waren Kirchendienste auch in Kippenheim selbstverständlich, nicht nur das Orgelspielen im Gottesdienst und das Läuten der Glocken im Tagesablauf und zu Bet- und Gottesdienstzeiten: *Vom Jahr 1780 ab sollen jährlich aus der hiesigen GemeindeCaße dem Evangelischen Schulmeister vor das Orgelspielen zwey Gulden bezahlt werden.* Die *Accidentien zur Schul und Messner Besoldung* listen auf, was fällig ist für das Reinigen und Herrichten der Altartücher und Gerätschaften zum Gottesdienst, für die *Sonntags-Schul, für Hochzeiten, für Kindstaufen und für Leuchten* (gemeint sind „Leichen“ = Beerdigungen), diese werden teurer, *so eine Predigt gehalten. Von einem jeden Evangelischen Bürger in Kippenheim, Mahlberg und Weilert* (Kippenheimweiler) sind *jährlich 8 Pfennig* für die Besoldung zu zahlen. Die Lehrer erhalten *Besoldungs-Brennholz* und Gartengrundstücke für die Selbstversorgung.

Da Kippenheim Sitz des „Evangelischen Dekanats Mahlberg“ war, liefen viele Verordnungen aus Karlsruhe für einige Gemeinden, bis hin nach Wagenstadt und Weisweil, über dieses *Befehl-Buch.* Mit Datum vom *9ten Juny 1813* wird dem Dekanat aufgetragen*, dass wann die catholischen Schulmeister zu Ottenheim, Ichenheim, Wagenstadt und Friesenheim von ihrem Dienst durch Tod oder Beförderung abkommen, alsdann die Meßmergarben und Meßmerlaibe, welche sie bisher von den evangelischen Einwohnern beziehen, den evangelischen Schulmeistern zugewiesen werden.*

In den ersten Jahrzehnten des 19. Jahrhunderts wird im *Befehl-Buch* eine allmähliche Umgestaltung der Volksschulen sichtbar: In Visitationsberichten werden die Lehrer zunächst noch nach dem Leistungsstand ihrer Schüler beurteilt. Noch empfehlen die Visitatoren dabei u.a. das *Locieren und Certieren der Schüler*, d.h. in der Sitzordnung sollen diese je nach Leistungsstand *herauf- oder herabgesetzt* werden. Es wird auch verlangt, *daß die Choräle dreistimmig gesungen* werden.

Deutlich wird das Bemühen der Regierung, die Qualität des Unterrichts in ihrem Sinne zu steuern und zu verbessern. Zuvor waren *die Schulpräparanden beider Confessionen* (die Anwärter auf das Lehramt) noch zu prüfen auf ihre *Fertigkeiten in Lesen, Deklamation, Gesang und Orgelspiel,* oder auf

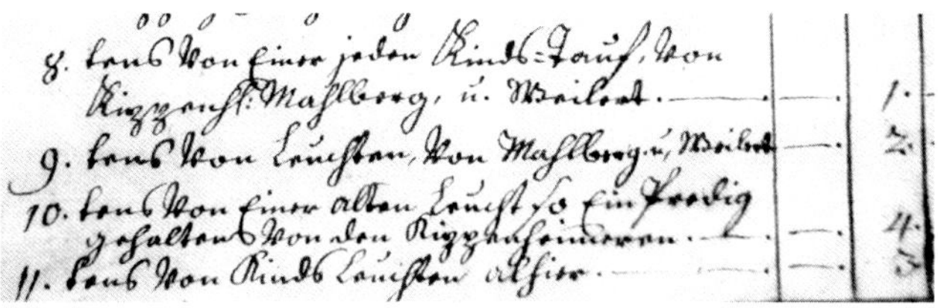

Evangelisches Befehl-Buch 1777–1853 Aus den Acciden-tien (Tarife) *zur Schul und Messner Besoldung, 1777*

8. Von einer jeden Kinds-Tauf, Von Kippenh: Mahlberg u. Weilert	*1* (Schilling)
9. Von Leuchten, Von Mahlberg u. Weilert	*2*
10. Von einer alten Leucht so ein Predig gehalten Von den Kippenheimern	*4*
11. Von Kinds Leuchten alhier	*3*

ihre Kenntnisse von *Ländern, Hauptstädten, Gebirgen und in Naturgeschichte* (1809). Bald aber werden in zentralen Fortbildungsveranstaltungen für die Lehrer eines Bezirks pädagogische Probleme erörtert. Zu diesen, ab den 1840er-Jahren regelmäßigen *Conventen der Bezirksschulvisitatur* werden schließlich *die Schullehrer selbst aufgefordert, Konventsfragen zu stellen* (15.11.1844). Die Lehrer sollen auch informiert sein über die *Erdbeschreibung, das Planiglobium*[19] *und die 5 Welttheile*, bis hin zur *Verfassung und Ausbreitung des Christenthums, Islams, Heidenthums; was aber*, so merkt der Schulvisitator an, *freilich für Volksschulen nicht brauchbar ist* (3.5.1846).

Pauschale Reisekosten erhalten jetzt die Teilnehmer der Lehrerkonvente. Und da am 30. Juni 1845 die Eisenbahnstrecke Offenburg-Freiburg eröffnete, wird *die Eisenbahn und zwar der III-ten* (dritten) *Wagenklasse als Transportmittel empfohlen, oder Omnibus* (Pferdewagen), *Postwagen oder einspänniges Fuhrwerk.*

Auf den *Convent 1846* legt die *Schulvisitatur Mahlberg zur Bearbeitung vor* (gekürzt): *1.) Lautier- oder Buchstabier-Methode?* (für das Lesenlernen); *2.) Darstellung des Eigenthümlichen der Pestalozzischen Lehr- und Unterrichtsmethode*; aber auch: *3.) Wie kann der Lehrer in den Schülern Liebe zum Fürsten wecken?* Diese Frage ist wohl vom politischen Klima im Vorfeld der Revolutionen 1848/49 her zu verstehen.

Für den *Convent pro Oktober 1848* sieht sich die Obrigkeit genötigt, „strenge" Themen auf die Tagesordnung zu setzen: *1.) Über die reiche Würde des Lehrerstandes und das ihm in diesen religiös und politisch bewegten Zeiten angemessene Verhalten. 2.) Was der Lehrer gegen überhand nehmende*

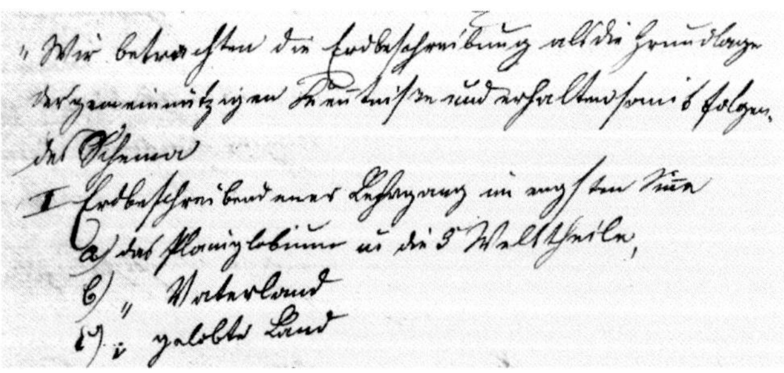

Befehl-Buch zur Evangelischen Schule Küppenheim Anweisung zum Convent vom 3. Mai 1846

Wir betrachten die Erdbeschreibung als die Grundlage der gemeinnützigen Kenntniße und erhalten somit folgendes Schema:
I. Erbeschreibend neuer Lehrgang im engsten Sinn
a) das Planiglobium u. die 5 Welttheile, b) das Vaterland, c) das gelobte Land

Laster und Unzucht beitragen könne. Eine Unterrichtsprobe ist zu halten zur Frage: *Welches sind die Pflichten der Unterthanen gegen den Regenten und die Obrigkeit?* Und: *Eine Unterrichtsprobe zum Kopfrechnen.*

Was die heutige Bildungspolitik mit der Ganztagsbetreuung der Kleinkinder bewegt, wird für diesen Lehrer-Konvent als Fragen formuliert: *Was ist von der Institution der Kleinkinderbewahranstalten zu halten? Ist sie zweckmäßig?* In Kippenheim dauerte es noch 36 Jahre, bis sich der Gemeinderat mit diesem Problem befasste – zunächst ohne positiven Beschluss[20]. Erst im Februar 1886 fällt die Entscheidung: Zur *Erbauung einer Kleinkinderschule und Wohnung für die Kinderschwestern.*

In restriktiver Tonlage sind die Texte des *Befehl-Buches* ab 1848 abgefasst. Den Konventsbericht vom Oktober dieses Jahres kommentiert der Evangelischen Oberkirchenrat sehr distanziert, mit mäßigem Lob, und betont: *Daß alle Lehrer in einer Zeit, die sich so vielfach in der Zerstörung aller menschlichen und göttlichen Ordnung gefällt, erkennen möchten, was ihres Berufes ist, nämlich mit aller Kraft auf eine sittlich religiöse Bildung der Jugend hinzuarbeiten.* Der großherzogliche Bezirksschulvisitator schreibt allen zur Mahnung (Januar 1850):

Der eigentliche Zweck Ihres Berufes ist die Erziehung des Menschen zu einem Bürger des Reiches Gottes, denn die Furcht des Herrn ist der Weisheit Anfang. Lassen Sie, was der Welt ist und leben Sie ganz ungetheilt dem hohen und erhabenen Beruf, den Ihnen der Herr gegeben und über dessen treue und redliche Erfüllung er Sie einst zur Rechenschaft ziehen wird.

Im November 1852 fordert das Ministerium des Innern gar vom Oberkirchenrat, *die Gründung von Gesangvereinen betreffend,* die Mitgliedschaft der Lehrer oder gar deren Leitung durch diese zu unterbinden, *da sie entweder in Vereine mit politischen Tendenzen ausarten oder doch von der revolutionären Partey benutzt werden.* Es sei denn, die Vereine *dienen einem wahrhaft Künstlerischen oder Kirchlichen Zweck. Die Bezirksschulvisitaturen* (hätten) *darüber zu wachen, dass nicht sogenannte freie Privatconferenzen der Lehrer veranstaltet werden.*

Was die Schüler lernen sollen, darüber erfahren wir erstmals im November 1850 Genaueres im *Schematismus für die Schulen des Bezirks Mahlberg.* In einer Art Spiral-Kurrikulum sind die Lerninhalte der Fächer *Religion, Sprachlehre, Schreiben, Rechnen, Singen* für alle acht Klassen notiert.

Mittels einer langen Tabelle legt Bezirksschulvisitator Sauer für den Religionsunterricht fest, *welche Schriftstellen* (die Lehrer) *in das Buch der Kinder notieren lassen sollen.* Bemerkenswert ist, dass auch in späteren Anweisungen auf *die Bibelkunde mit jüdischer Geographie und Geschichte* besonders hingewiesen wird. Die Einladung zum *Schulconvent pro 1851* ergeht ausdrücklich auch *an die israelitische Schule dahier*[21].

Die letzten ca. 50 der insgesamt 173 Seiten des *Befehl-Buches* stammen aus dessen vier letzten Jahren. Sie bringen aber kaum Neues: Besoldung und Versetzung, Mesner- und Läutedienste der Lehrer, Prüfungs-, Visitations- und Konventberichte. Und: *Daß das Richten und Aufziehen der Kirchenuhr auf Kosten der Gemeinde zu geschehen habe; dem Lehrer bleibt überlassen, ob er es weiterhin tun will* (Oktober 1852). An alttestamentliche Mahnreden und Drohsprüche erinnern schließlich die seitenlangen Kommentare des Visitators Sauer. Offensichtlich immer aufgewühlter, immer schneller und immer unleserlicher sind sie hingeschrieben (Oktober 1851).

Neu ist, dass *geneigte und geeignete Lehrer für den landwirtschaftlichen Unterricht an Volksschulen* gesucht werden (4.4.1853). Und nach Wegfall der bisherigen Naturalienbezüge (wie *Meßnergarben und Meßnerlaibe*), werden als wichtige standes- und versorgungspolitische Maßnahme die evangelischen Dekanate angewiesen, den Lehrern Grundstücke für eine eigene kleine Landwirtschaft zur Selbstversorgung zur Verfügung zu stellen (22.2.1853).

Der letzte Text des *Befehl-Buchs,* die Abschrift eines Schreibens der *Direction des Schullehrerseminars an die Großh. evang. Bezirksschulvisitaturen,* ist ein einziges Klagelied darüber, was die *Aspiranten und Schulcandidaten* alles nicht können, sie wüssten *fast nichts in Naturgeschichte und Geographie, in Naturlehre nur etwas von wässrigen und feurigen Lufterscheinungen,* sie könnten nicht schön singen, lesen und schreiben. Es sei *dahin zu wirken, daß eine genügende Vorbereitung der Aspiranten erzielt werde.*

Mit dem Datum dieses Schreibens, *Karlsruhe den 26. Mai 1854,* endet das *Befehl-Buch. – Wird hiermit geschlossen,* ist hastig als Schlussbemerkung hin gekritzelt.

Auf der katholischen Seite sind die Akten „Schulsachen" des Pfarrarchivs eine zu wenig ergiebige Quelle, um die örtliche Schulgeschichte parallel verfolgen zu können. Zwei vorhandene Schreiben stammen noch aus der Zeit, da Kippenheims Katholiken dem Bistum Straßburg unterstanden. In dem einen bittet Generalvikar Lanz, der spätere Bischofkoadjutor, um Spenden für die Heiliggrabkirche zu Jerusalem (1774). Das zweite, mit der Unterschrift des Kardinals Rohan (1782), ruft auf *zum Freudenfest, daß vor hundert Jahren diese Stadt dem französischen Zepter sich unterworfen und die katholische Religion in unserer Domkirche* (Straßburger Münster) *wieder eingeführt worden ist.* Beide, der Kardinal und sein Weihbischof, haben nach der Flucht vor der Französischen Revolution in der Pfarrkirche zu Ettenheim ihre letzte Ruhestätte gefunden.

Einem Schreiben des inzwischen in Freiburg ansässigen erzbischöflichen Ordinariats betreffs Zulassung zur Erstkommunion von 1823 entnehmen wir, dass das Alter zur Schulentlassung *für die Knaben auf das vollendete 14te, für die Mädchen auf das vollendete 13te Lebensjahr festgelegt* war.

Nach einem zeitlichen Sprung über vier Jahrzehnte hinweg werden die Akten des katholischen Pfarrarchivs dann erst im Jahr 1864 fortgeführt, mitten im badischen Kulturkampf, im Ringen zwischen Staat und Kirche um die Einführung der staatlichen Schulaufsicht. Wie heftig der Widerstand von kirchlicher Seite war, ist der Resolution[22] einer *Versammlung des Clerus der Erzdiöcese, die Reform des Schulwesens betreffend,* zu entnehmen. Darin verwahren sich die Versammelten *feierlich gegen die Trennung der Schule von der Kirche.* Zwar wird zunächst grundsätzlich zugestanden: *Das Unterrichts- und Erziehungswesen steht unter der Aufsicht des Staates.* Dann aber folgen die Forderungen: *Die seither bestandenen confessionellen Schulen sind als solche zu erhalten, ebenso die mittleren und örtlichen Schulbehörden. Die Sonntagsschulen bleiben erhalten.* Und: *Der Religionsunterricht bleibt der wichtigste obligatorische Lehrgegenstand.* Täglich soll ihm eine Stunde gehören. *Meßner- Glöckner- und Organistendienst* seien zwar *vom Schuldienste zu trennen* und gesondert zu bezahlen, zum Orgelspielen könnten die Lehrer aber auf Anforderung der Kirche verpflichtet werden. Zur Ablösung der konfessionellen Schulen durch die Simultanschule finden wir im katholischen Pfarrarchiv keinen weiteren Hinweis.

Die Erzdiözese Freiburg jedoch rang heftig mit dem badischen Staat als direktem Gegenüber. Dr. Karl Zell ging in seiner 1867 bei der Herder'schen Verlagsbuchhandlung erschienen Schrift *Die moderne deutsche Volksschule und die neueste badische Schulgesetzgebung* mit dieser Gesetzgebung hart ins Gericht[23]. Ganz im Sinne des Erzbischofs Hermann von Vicari bemühte er sich, das Staats- und Kirchenrecht, die Religionsfreiheit und pädagogische

Argumente ins Feld zu führen gegen das Unrecht und die Unmöglichkeit eines gemeinsamen Unterrichts mit einem neuen Fächerkanon für die Kinder aller Konfessionen unter staatlicher Regie. (Eine Auswahl aus Zells polemischer Schrift ist in Endnote 23 nachzulesen.)

Ein zeitweiliger „Waffenstillstand" im Kulturkampf zwischen Staat und Kirche fand bald nach dem deutsch-französischen Krieg und der deutschen Einigung unter Preußens Führung 1871 mit dem Unfehlbarkeitsdogma des 1. Vatikanischen Konzils sein Ende[24]. Die badische Regierung forcierte jetzt die Einführung der Simultanschule. Ihre generell liberale Linie hinderte sie aber nicht, geistlichen Kongregationen und Orden alle Lehrtätigkeit zu untersagen. Um die Einbeziehung des künftigen Klerus in die „nationale Erziehung der deutschen Jugend" sicherzustellen, wurden die Knabenseminare und -konvikte sowie das Freiburger Theologen-Konvikt geschlossen. Dagegen nahm die katholische Kirche mit ihrer Verweigerungshaltung gegen die Eingriffe des Staates in Kauf, dass Seelsorge und Bistumsleitung auf Dauer lahmgelegt zu werden drohten[25]. Der Streit wurde Anfang der 1880er-Jahre durch die Bereitschaft beider Seiten zu Kompromissen nur teilweise beigelegt[26].

Völlig unerwartet hallt die harte Phase des Kulturkampfes an scheinbar unpassender Stelle im Kippenheimer Gemeindearchiv nach: Ein Exemplar der Lahrer Zeitung vom 28.2.1875 ist eingeheftet zwischen den Ausschreibungen und Handwerkerangeboten zur *Herstellung einer zweiten Lehrerwohnung im katholischen Schulhaus*[27].

In scharfer Form setzt sich die Titelseite des Blattes auseinander mit der *praktischen Ausübung der vermeintlichen Unfehlbarkeit des Papstes,* und mit den deutschen Bischöfen, die *über Nacht ihre Überzeugung geändert* (hätten)[28] *und jetzt ihren Eifer für Rom bis zum Verfolgungswahn gegen Andersgläubige steigerten.*

Warum diese Zeitung abgeheftet ist bei „Baulicher Zustand der Schulhäuser", das könnte mit einer Satire im Innern des Blattes beantwortet sein. *Dem milden Albert Förderer*[29] *gewidmet,* greift der Redakteur der Lahrer Zeitung den katholischen Stadtpfarrer und Gründer des Konkurrenzblattes Lahrer Anzeiger mit spitzer Feder an. Der hatte vehement gegen die Simultanschule gekämpft. Und womöglich war nach deren Einführung in Kippenheim der Gemeinderat für seine Entscheidung im Lahrer Blatt angegriffen worden. Die Angriffe seines *milden Collega auf die Israeliten* kontert der Autor: *Sie* (die jüdischen Bürger) *sind klein an Zahl und ihr*

Lahrer Zei

Lahrer Wochenblatt.

No. 50. Ausgabe: Täglich mit Ausnahme des Montags. Anzeigen: Die Zeile oder deren Raum 12 Pfennige. Sonntag, den 28. Februar.

Die deutschen Bischöfe und der Papst.
(Aus der „Provinzial-Correspondenz".)
I.

Die jüngsten Wochen haben zwei neue bezeichnende Kundgebungen römischen Geistes gebracht: die eine Seitens der deutschen Bischöfe zur Ableugnung der großen Bedeutung und Tragweite der päpstlichen Unfehlbarkeit, die andere vom Papste selbst in praktischer Ausübung der vermeintlichen Unfehlbarkeit und der auf Grund derselben geträumten Allgewalt.

Die päpstliche Aeußerung ist in ihrer rückhaltlosen Klarheit und herausfordernden Schroffheit eine unmittelbare Widerlegung des Versuchs der Bischöfe zur Abschwächung der vatikanischen Beschlüsse.

Und stärker noch
berühmte Würdenträge
keitserklärung aus.
loup fragt in einem ö
gierungen es aufnehn
würde?" Er erinnert
ben habe, gewaltthätig
vermischten und herr
geltend machten.
Geistliches und
„Wer werde den Re
Papst niemals in Ue
übergreifen werde?"

Lahrer Zeitung/ Lahrer Wochenblatt vom 28.2.1875

Das Titelblatt berichtet kritisch von den Nachwehen des 1. Vatikanischen Konzils (1869–70): Von *zwei neuen bezeichnenden Kundgebungen des römischen Geistes*, und von der Haltung der deutschen Bischöfe dazu.
Im Innern des Blattes wird der Bogen geschlagen zur aktuellen Lokalpolitik. Die feindselige Haltung des katholischen Lahrer Pfarrers Förderer gegenüber den *Israeliten* wird dort scharf angegangen und an das Straßburger Pogrom im 14. Jahrhundert erinnert.

Rabbiner in Schmieheim hat einen weiten Weg nach Karlsruhe. Aber was wollen alle Ihre (Förderers) *Späße heißen gegen die gute alte Zeit, da man in unserer Nachbarstadt Straßburg im Jahre des Herrn 1349 in der Brandgasse an die 2000 Juden verbrannte.*

Im katholischen Pfarrarchiv finden wir zu diesen Auseinandersetzungen keine Hinweise. Dort folgen nach dem Protestpapier der Geistlichkeit von 1864 nur noch Schriftstücke über Religionsprüfungen aus den Jahren 1877 bis 1957[30], auch während des „Dritten Reiches". Somit finden wir in diesen Akten auch Spuren eines ganz anderen „Kulturkampfes", nämlich eines Krieges der Unkultur gegen Millionen Menschen und ihre kulturellen Werte: Im September 1937 begegnete die Kirchenbehörde dem Verbot der neuen „Herder-Bibel" im Religionsunterricht durch die Nationalsozialisten mit der hilflosen Anweisung, *der vorgeschriebene Lehrstoff* (sei) *den Schülern frei vorzutragen und zu erklären*[31]. Und der Bescheid zur Religionsprüfung vom 24. März1938 stellt fest: *Zur Zeit der Rel.Prüfung zählte die Schule 181 röm.kath., 96 protestantische und 5 israelitische Kinder.*

Die äußeren Umstände für den RU waren nicht günstig, wegen Maul- und Klauenseuche. Lehrer Santo wurde innerhalb des Schuljahres versetzt, Lehrer Gallus, der den RU übernommen hatte, wurde zu einer militärischen Übung eingezogen. Dies ist, außerhalb der Liste A, der letzte Hinweis auf die israelitischen Kinder der Volksschule Kippenheim. Und hier wirft der Zweite Weltkrieg bereits seine Schatten voraus.

„Nach den reinen Grundsätzen des Moses und der Propheten"

„Du sollst deinen Kindern die Worte der Thora einschärfen", dieses biblische Gebot war von je her für jüdische Gemeinden und Familien eine heilige und gewissenhaft erfüllte Pflicht. Über viele Generationen hin lernten vor allem die Buben, vielfach aber auch die Mädchen, anhand der heiligen Schriften lesen und schreiben. „Schul" heißen denn auch im Jiddischen die Betsäle, Gebetshäuser und Synagogen als Zentren des Gemeindelebens.

Wir dürfen annehmen, dass sich auch die jüdischen Einwohner Kippenheims – seit der Mitte des 17. Jahrhunderts sind sie dort belegt[32] – dem Lernen mit der Thora verpflichtet wussten, spätestens als der „Minjan", die für den Gottesdienst vorgeschriebene Mindestzahl von zehn Männern erreicht, bzw. ein Raum für das gemeinsame Lernen vorhanden war[33]. Ganz sicher folgte man dieser Tradition in der ersten Kippenheimer Synagoge, die etwa ab 1750 bestand, ebenso in dem zweiten, 1795 im „Judengässle" errichteten Gotteshaus.

Einschneidende Veränderungen für die Unterrichtung jüdischer Kinder brachten zunächst die Konstitutionsedikte der badischen Regierung von 1808 und 1809, „die bürgerlichen und kirchlichen Verhältnisse der Juden betreffend" und bemüht, „die jüdische Bevölkerung der christlichen in politischer und sittlicher Bildung" gleichzustellen[34]. „Die Judenkinder sollen mit und neben den christlichen Ortskindern die Ortsschulen besuchen, das Schulgeld gleich Christenkindern entrichten, zu gleicher Ordnung und Anständigkeit angewöhnt werden, dass ihnen aber weder von diesen noch vom Lehrer eine geringschätzende oder gar beleidigende Behandlung widerfahre," lautete die großherzogliche Anordnung.

Aber: „Der Schulbesuch jüdischer Kinder erregte in manchen Orten das Missvergnügen christlicher Eltern, sodass z. B. in Nonnenweier und Kippenheim die jüdischen Schüler gesondert unterrichtet werden mussten", schreibt Berthold Rosenthal in seiner Heimatgeschichte der badischen Juden[35].

Die badische Regierung hatte schon 1809 den „Oberrat der Israeliten Badens" parallel zu den obersten Behörden der Kirchen geschaffen. Die Juden waren damit als Glaubensgemeinschaft anerkannt und den christlichen Konfessionen in religiösen Dingen gleich gestellt, nicht aber in ihren staatsbürgerlichen Rechten. Zur dahinterstehenden politischen Absicht schreibt Berthold Rosenthal[36]: „Man hoffte, das heranwachsende jüdische Geschlecht werde so beeinflusst, dass es sich der Umgebung völlig angleiche und in ihr aufgehe." Es sollte aber noch bis 1862 dauern, bis das liberal regierte Großherzogtum Baden als erster deutscher Staat den Juden die uneingeschränkte staatsbürgerliche Gleichberechtigung gewährte.

Die Durchsetzung der allgemeinen Schulpflicht 1812 betraf auch die israelitischen Kinder, ab dem vollendeten siebten (seit 1832 ab dem sechsten) bis zum 13. Lebensjahr für die Mädchen, bis zum 14. für die Knaben, ausdrücklich auch „während der Sommermonate", und die Unterrichtszeiten seien „so anzuberaumen, dass die größeren Kinder ihren Eltern bei der Arbeit helfen können." Daneben musste ab dem 11. Lebensjahr noch die „Industrieschule" (für Handarbeiten und Haushalt) besucht werden.

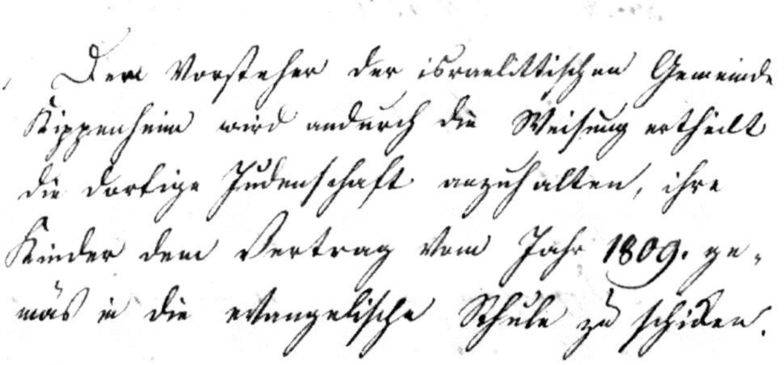

Das Großherzogliche Bezirksamt Ettenheim an das evangelische Dekanat Mahlberg in Kippenheim

Dem Vorsteher der israelitischen Gemeinde Kippenheim wird andurch die Weisung ertheilt, die dortige Judenschaft anzuhalten, ihre Kinder dem Vertrag vom Jahre 1809 gemäß in die evangelische Schule zu schicken.
Ettenheim, den 31ten Januar 1825

Vor allem in den Landgemeinden bestanden keine jüdischen Schulen. Wirtschaftlich zu schwach waren die kleinen Gemeinschaften für die Personal- und Sachkosten. Die jüdischen Eltern wurden daher verpflichtet, ihre Kinder in eine christliche Schule zu schicken, auch in Kippenheim. „Die Ortssynagoge habe darauf zu sehen, dass alle Kinder beiderlei Geschlechts zum fleißigen, regelmäßigen Besuche angehalten werden."

Die Weisung des Bezirksamtes Ettenheim vom Januar 1825[37], die über das evangelische Dekanat an den Vorsteher der israelitischen Gemeinde Kippenheim erging, zeigt dass es viele Jahre brauchte, diese Pflicht durchzusetzen.

Zwar fordert das Edikt von 1809, der Unterricht müsse den jüdischen Kindern, auch an christlichen Schulen „Sittlichkeit, Nächstenliebe, Unterwürfigkeit unter die Staatsgewalt und bürgerliche Ordnung nach den reinen Grundsätzen aus Moses und den Propheten einschärfen." Dennoch standen der Oberrat, die Ortssynagogen und die Eltern vor großen Schwierigkeiten, wenn ihre Kinder daran teilnehmen sollten.

Die größten Probleme lagen in der Struktur und der Unterrichtsweise der christlichen Schulen. Sie brachten die jüdischen Eltern in Gewissenskonflikte. Die Schulaufsicht lag beim Ortspfarrer. Der ganze Sprach- und Leseunterricht erfolgte anhand religiöser Texte, gesungen wurden vor allem Kirchenlieder, das Gedächtnis wurde mit dem Auswendiglernen biblischer Geschichten geschult. Außerdem litten diese Volksschulen „neben den unzulänglichen Unterrichtsräumen und Lehrmitteln ganz besonders aber an dem Tiefstande der Lehrerbildung." Daher sei, so zitiert Rosenthal den (christlichen) Kirchen- und Ministerialrat J. L. Ewald, „das Besuchen solcher Schulen weder für die Bildung der jüdischen noch der christlichen Kinder rätlich." Eine weitere Schwierigkeit sah Ewald darin, „dass die jüdischen Kinder neben dem Besuch der Volksschule nicht noch täglich, wie es manche Rabbiner vorschlugen, 4–5 Religionsstunden erhalten könnten."

Da mit dem personellen und wirtschaftlichen Erstarken der jüdischen Gemeinden auch das Streben nach weltlichem Wissen und nach Teilhabe und Mitwirkung am Leben des Gemeinwesens wuchs, erzeugte der politische Wille des Staates, der ja auf Integration aller Untertanen und auf Assimilation ausgerichtet war, eine scheinbar paradoxe Wirkung: „Die Errichtung jüdischer Volksschulen zeigte sich als eine unabwendbare Notwendigkeit." Wo jüdische Gemeinden existierten, entstanden nun weitere Konfessionsschulen, nämlich die israelitischen. Zügig wurden die laut Ewald nötigen Voraussetzungen geschaffen: Für die Heranbildung der Lehrer mussten „geschickte und liberal denkende Pädagogen mit einer guten Lehrmethode bekannt gemacht und geübt werden." Die pädagogischen Reformideen Johann Heinrich Pestalozzis hielten Einzug in der Lehrerbildung. „Überall, wo sich die nötigen Fonds auffinden ließen, waren jüdische Schulen zu errichten. Schließlich war für die jüdische Jugend ein Lesebuch zu verfertigen."

Bereits 1815 waren in Gailingen, Heidelsheim und Randegg die ersten jüdischen Volksschulen errichtet worden. Im gleichen Jahr entstand „in Mannheim eine Art Seminar zur Bildung jüdischer Trivialschullehrer." Das 1823 in Karlsruhe gegründete evangelische Lehrerseminar nahm auch jüdische Zöglinge auf.

Der Oberrat der Israeliten gab 1824 Regelungen für die jüdischen Elementarschulen heraus. Der Lehrplan enthielt neben deutschem und hebräischem Lesen, Religionsgrundlagen, biblischer Geschichte und Hebräisch, auch Deutsch, Rechnen, Geographie, Geschichte, Naturlehre, Zeichnen und Gesang[38]. 1834 wurde die Schulaufsicht parallel zu den Regelungen für die christlichen Kirchen dem Oberrat der Israeliten und dem örtlichen Schulvorstand, bestehend aus Mitgliedern des Synagogenrats unter Vorsitz des Bürgermeisters, übertragen. Noch aber gab es in Kippenheim keine eigene Schule für die jüdischen Kinder, für die ein solcher örtlicher Vorstand hätte gebildet werden können.

Ab 1826 wurden jedoch im ganzen badischen Land israelitische Volksschulen gegründet. In unserer Region waren es: Schmieheim 1826, Diersburg 1830, Nonnenweier und Rust 1833, Altdorf und Kippenheim 1835[39]. Somit gab es hier bis zur Errichtung der Simultanschule im Jahre 1874 fast 40 Jahre lang drei konfessionelle Schulen.

Wie gestalteten sich das Leben und der Unterricht in der neuen israelitischen Schule? Weder die mir zugänglichen Quellen noch die bisherigen Veröffentlichungen zur Geschichte der jüdischen Gemeinde Kippenheims geben hierüber Auskunft. Zur „Inneren Einrichtung der jüdischen Volksschulen", wie Rosenthal es ausdrückt, fasse ich dessen Ausführungen zusammen:

Der Widerstreit zwischen den Erwartungen und Anforderungen des Gesetzgebers und dem, was die Eltern aus ihrem jüdischen Fühlen und Denken heraus wünschten, brachte die Lehrer in große Schwierigkeiten.

Zwar bildete der Religionsunterricht, wie in den christlichen Schulen auch, den Schwerpunkt aller Belehrungen, mit etwa einem Drittel, im Extremfall bis zu zwei Dritteln der Wochenstunden. Aber dass der Staat in die Belange ihrer religiösen Gemeinschaft eingriff, dass für die „weltlichen Fächer“ die Lehrbücher der christlichen Schulen verwendet wurden, dass die Schulaufsicht vorläufig noch durch Ortsgeistliche ausgeübt wurde und „dass der Gebrauch des sogen. jüdisch-deutschen Dialekts der heranwachsenden Generation ganz fremd bleiben“ sollte, das alles sorgte für erheblichen Widerstand.

Doch Dank der Hartnäckigkeit des Oberrates, der von Pestalozzi inspirierten Lehrerausbildung und des Einsatzes einer neuen Lehrergeneration galt das jüdische Schulwesen Badens bald den Juden in den Nachbarländern als erstrebenswertes Vorbild. Zur Konsolidierung der israelitischen Schulen und zur Stärkung ihres Selbstbewusstseins trug bei, dass auch die politischen Gemeinden zu ihrer Finanzierung verpflichtet wurden, sofern sie auch die christlichen unterstützten. Die Lehrerbesoldung wurde verbessert und „die Witwengehalte, Erziehungsbeiträge und Nahrungsgehalte sollten ebenso groß sein, wie die der christlichen Lehrer.“

„Mit Staunen“ erfüllte bald nicht nur den Konstanzer Bistumsverweser Wessenberg und den Freiburger Professor Zell, was der badischen Ersten Kammer[40] über die Leistungen der israelitischen Schüler berichtet wurde. Neben dem Fleiß und dem Geschick der Lehrer wurde dies zurückgeführt auf die meist geringere Schülerzahl, auf den Umstand, dass die jüdischen Kinder weniger zu Haus- und Feldgeschäften herangezogen wurden und darauf, dass sie in Hebräisch und Deutsch unterrichtet wurden. Nach heutigen Erkenntnissen der Sprach- und Gehirnforschung ist anzunehmen, dass gerade die frühe Mehrsprachigkeit ein wesentlicher Faktor für die geistige Beweglichkeit der jüdischen Schüler war: Judendeutsch (evtl. Jiddisch) im Elternhaus und in der jüdischen Gemeinschaft, örtlicher Dialekt mit der Dorfbevölkerung, Hebräisch in der Synagoge und im Religionsunterricht und schließlich Deutsch als Unterrichts- und Literatursprache[41].

Die vorbildlichen Leistungen des israelitischen Schulwesens veranlassten Professor Zell, die Verbesserung der ökonomische Lage der Lehrer zu fordern, da er „der Meinung nicht beitreten könnte, bei der bekannten Genügsamkeit und den frugalen Sitten der Israeliten bedürfe der jüdische Lehrer nicht so viel als der christliche.“ Aus der positiven Entwicklung dieser Jahre erwuchs auch ein Selbstbewusstsein, das sich 1839 mit einer Dankadresse der südbadischen israelitischen Lehrer an den Oberrat und mit einem Ehrenpokal für dessen Aktuar Naphtali Epstein[42] ausdrückte.

Mit diesem Ehrenpokal erfahren wir erstmals auch die Namen jüdischer Lehrer unserer Dörfer: Unter den 12 im Pokal eingravierten Namen finden sich Bernheim (Altdorf), Ballin (Schmieheim), Stein (Diersburg) und Heidingsfeld (Kippenheim). Dessen Nachfolger war Abraham Wilmersdorf[43]; er wird uns im nächsten Kapitel wieder begegnen.

Die folgenden Jahre brachten für die Volksschulen Badens keine größeren Veränderungen. Um eines wurde allerdings in den israelitischen Schulen von 1830 bis 1850 gerungen; nämlich um die „Konfirmation". Ohne auf das Verständnis dieses Begriffs in den protestantischen Kirchen und auf die Bar-Mizwa auf jüdischer Seite einzugehen, schildert Rosenthal die Auseinandersetzungen darum, ob diese „Konfirmation" eher eine „Religionserkenntnisprüfung" oder eine allgemeine „Schulentlassprüfung" und daher „der israelitischen Religionslehre fremd" sei. Dem entsprechend ging es auch um den angemessenen Ort der Entlassfeier: Die Synagoge oder die Schule?

„In den folgenden Jahrzehnten legte der Oberrat auf die Abhaltung von Konfirmationsfeiern in den Synagogen großen Wert. In einzelnen Fällen befahl er sogar deren Einführung."

Ob die israelitische Gemeinde Kippenheims mit dem Problem der Konfirmation befasst war, wissen wir nicht. Offensichtlich war die Schule aber inzwischen fest etabliert. Das Schulhaus stand bis etwa 1851 auf dem Platz des Vorgartens der „III. Synagoge", also dem heute noch stehenden Gebäude „Ehemalige Synagoge"[44] in der heutigen Poststraße, im Zentrum des Dorfes. Nach dem Neubau der Synagoge von 1852 auf dem dahinter liegenden Grundstück musste die alte Schule weichen. So wurde mit der Gestaltung eines Vorplatzes der Blick auf die prächtige Fassade freigegeben. Lehrer Heidingsfeld wehrte sich erfolgreich gegen die Umsiedlung der Schule in das aufgegebene Synagogengebäude[45].

Zu den Lehrer-Konventen der evangelischen Bezirksschulvisitatur der Jahre 1851 und 1852 ergingen die Einladungen ausdrücklich auch *an die israelitische Schule dahier*[47]. Durch deren Tagesordnungen wurden die jüdischen Lehrer allerdings zumindest in inneres Unbehagen, wenn nicht gar in Gewissensnöte gedrängt. So hielt z. B. *Lehrer Trautwein eine Cateche-*

Die 1852 erbaute III. Synagoge, heutiger Blick über den Vorplatz

„Die prächtigste Synagoge weit und breit, wurde das jüdische Gotteshaus im badischen Kippenheim genannt. Es ist als ein typisches Bauwerk der Großherzoglich Badischen Bauschule anzusehen." (Heinz Kneile[46])

se über Math. 5, 1–17. Und die Versammlung wurde *geschlossen mit dem 4-stimmigen Choral ,O Gott, du frommer Gott'*[48].

Bis in die 1860er-Jahre führten die Volksschulen, „auch die jüdischen, nachdem sie in ein sicheres Fahrwasser geleitet waren, ein ruhiges, an den Zeitverhältnissen gemessen, geordnetes Dasein."

Von politischer Seite kam aber bald erhebliche Bewegung in die Schullandschaft. Die II. badische Kammer lehnte wegen des Schulkonflikts 1859 das Konkordat zwischen dem Vatikan und dem badischem Staat ab. Gegen heftige Widerstände der Religionsgemeinschaften wurde als weiterer Schritt zur Simultanschule die staatliche Schulaufsicht im Jahre 1864 durchgesetzt.

In den folgenden Jahren befasste sich der Kippenheimer Gemeinderat mehrfach auch mit finanziellen Angelegenheiten der israelitischen Schule; so mit dem *Mehraufwand für den israelitischen Schuldienst,* er solle *in die dritte Klaße*[49] *gestellt werden.* Zwischen der politischen und der israelitischen Gemeinde bestand offensichtlich ein Dissens *wegen der Lehrerbesoldung aus der Gemeindekasse,* denn *Bürgermeister Kalt soll mit Gemeinderath Stulz nach Freiburg fahren, und sich deswegen mit Anwalt Schmid berathen* (6.7.1872). Aber auch: *Es solle der isr. Gemeinde zur Heitzung ihres Schulzimmers 2½ Klafter Holz abgegeben werden* (13.3.1873). Als letzten Verweis auf Kippenheims konfessionelle Schulen vor deren Zusammenführung finden wir in den Protokollen des Gemeinderats: *Es solle der Garten zur isr. Schule auf Ansuchen der Lehrer eingefriedigt werden* (22.1.1874).

Der Kippenheimer Weg zur Simultanschule wird im nächsten Kapitel dargestellt. Würde die jüdische Gemeinde diesen Weg mitgehen? „Die meisten badischen Juden begrüßten mit allen liberal denkenden Bürgern diese Wendung", schreibt Rosenthal. Er betont den „grundsätzlich konfessionslosen Charakter" der Schulen und zitiert den Gesetzgeber: „Vielmehr soll jede staatliche Volksschule, nach ihrem ganzen Wesen und Zwecke, als eine der Natur des Staates und der Gemeinde gemäße paritätische Anstalt erscheinen." *Alemannia Judaica* nimmt auch für die Kippenheimer Gemeinde eine eher liberale Einstellung an. Denn 1877 sei die „Ausschreibung der Stelle des Elementarlehrers sowie des Vorbeters/Schochet sowohl in der konservativ-orthodoxen Zeitschrift *Der Israelit* wie auch in der liberalen *Allgemeinen Zeitung des Judentums* erschienen". Zu dieser Zeit besuchten die Kinder aller drei Konfessionen bereits seit drei Jahren gemeinsam die Kippenheimer Volksschule, zu dessen Kollegium und auch je ein jüdischer Lehrer gehörte. In *Der Israelit* hat diese Ausschreibung, allerdings ohne Hinweis auf die Lehrerstelle, folgenden Wortlaut[50]:

Die hiesige Kantor und Schochet-Stelle soll mit dem 1. Januar 1878 neu besetzt werden. Das Gehalt mit Einschluss der Nebeneinkünfte beträgt etwa 1.500 bis 1.800 Mark. Junge, musikalisch gebildete Bewerber werden bevorzugt. Reflektanten wollen sich unter Einsendung ihrer Zeugnisse an den Unterzeichneten wenden. Kippenheim (Baden), 10. Oktober 1877. Der Vorstand der Synagogen-Gemeinde Moritz Durlacher.

Fünf jüdische Lehrer sind für die Kippenheimer Schulgeschichte belegt: Salomon Heidingsfeld war wohl der erste Lehrer der 1835 gegründeten israelitischen Schule[51]; er war 1839 einer der Mitwirkenden am Ehrenpokal für Naphtali Epstein (s. o.). Abraham Wilmersdorf unterrichtete in der Übergangszeit zur Simultanschule bis 1877. Ihm folgten Nathan Liebmann 1877–1881 und Nathan Schleicher 1881/82[52]. Die prägendste Lehrerpersönlichkeit der Kippenheimer Volksschule war Hermann Zimmern, der hier von 1882 bis 1922 wirkte. Im Kapitel „Das Kippenheimer Lied" werden seine Leistungen für die Schule und für ganz Kippenheim besonders gewürdigt.

Der Stolz der jüdischen Glaubensgemeinschaft auf „ihren" Lehrer kommt in einem Bericht über eine hohe Ehrung zum Ausdruck, an der sich neben erfolgreichen ehemaligen Schülern auch die politische Gemeinde beteiligte. Zimmern durfte mit seiner Pensionierung 45 Dienstjahre feiern, davon 40 Jahre in Kippenheim. *Der Israelit* berichtet dazu im Mai 1922[53]:

Anlässlich der Jubiläumsfeier wurde dem Jubilar auf Initiative seiner einstigen Schüler Emil Weil in Breslau und Max Wertheimer in Bern, eine namhafte Summe in dankbarer Anerkennung und treuer Anhänglichkeit feierlichst überreicht. Die größte Genugtuung für den ehrwürdigen Lehrer dürfte darin bestehen, dass nicht nur Vertreter der Stadt- und Gemeindebehörden, sondern auch seine Schüler so regen Anteil nahmen.

Noch im Juni 1936, ein halbes Jahr vor seinem Tode, wünschte *Der Israelit* ihm, der sich „ob seines heiteren, gütigen Wesens allgemeiner Beliebtheit und Wertschätzung erfreut", zum 80. Geburtstag: „Alles Gute, bis 120 Jahre!" (Siehe hierzu auch die Ehrung anlässlich Zimmers Pensionierung, S. 62)

„Communalschule mit allen drei Confessionen"

Erfahrungen mit einem „Simultaneum" hatten die evangelischen und katholischen Kippenheimer bis zur Mitte des 19. Jahrhunderts schon seit über 200 Jahren, denn nach dem Ende des 30-jährigen Krieges diente die Kirche beiden Konfessionen als Gotteshaus[54]. Die Entwicklung von den konfessionellen örtlichen Schulen hin zur Simultanschule verfolgen wir nun im Protokollbuch des Gemeinderats aus den Jahren 1861 bis 1893. Demnach trug auch die Gemeinde Kippenheim im Rahmen der badischen Gesetzgebung zumindest einen Teil der Kosten für die Schulen, einschließlich der ab 1835 bestehenden israelitischen.

Der Gemeinderat[55] griff auch regelnd in Sozial- und Erziehungsangelegenheiten der Familien ein, bis hin zur Einweisung *sittlich verwahrloster Kinder in eine Zwangserziehungsanstalt,* samt den daraus entstehenden Kosten. Oder er finanzierte die *Verpflegung und Anschaffung von Kleidern für Arme,* und sogar *für Hugo Pfaff das Reisegeld nach Amerika mit 65 fl. nebst 15 fl. Taschengeld* (1875).

Auch die Lehrer waren von den Zuwendungen der Gemeinde abhängig. Eines von vielen Beispielen ist der Beschluss: *Kippenheim, den 5ten November 1866. Der Gemeinderat hat in der heutigen Sitzung beschloßen, daß dem katholischen Unterlehrer Blum dahier, ein weiteres Klaftern Holz ausnahmsweise, und gutthatsweise* (!) *verabreicht werden soll, bis die Schulangelegenheiten geordnet sind.*

Wie bereits dargestellt, sind jüdische Einwohner in Kippenheim seit der Mitte des 17. Jahrhunderts belegt. Sie gehörten jedoch noch nicht zur Dorfgemeinschaft sondern waren eine „eigenständige Korporation". Dank der badischen Emanzipationsgesetze wurden die bürgerlichen Rechte der jüdischen Einwohner schrittweise erweitert und 1862, mit dem „Gesetz über die bürgerliche Gleichstellung der Israeliten" vollendet. Zwar hatte sich neben vielen andern noch am 29. Januar diese Jahres auch der Kippenheimer Bürgermeister dagegen gewehrt, indem er *sämtliche Bürgermeister unseres Bezirkes auf heute in das hiesige Rathaus zu einer Besprechung berufen* (hatte, damit) *eine Petition gegen Freizügigkeit und Gleichstellung der Juden abgefasst, eingereicht und auch andere Kollegen zum gleichen Sturmlauf eingeladen werden*[56].

Aber gerade in Kippenheim belegt der Bau repräsentativer Häuser und der Synagoge (1852) an zentraler Stelle, dass die jüdischen Bürger schon zuvor „in der Mitte der Gemeinschaft" angekommen waren. Dementsprechend erscheinen sie dann auch in den 1861 beginnenden Protokollen des Gemeinderats als gleichberechtigter und selbstbewusster Teil der Bürgerschaft; z. B. *Moritz Durlacher zum Antritt seines angeborenen Bürgerrechts* (1870), *nach zurückgelegtem 25.tem Lebensjahr,* wie es bei allen männlichen Kippenheimern üblich war.

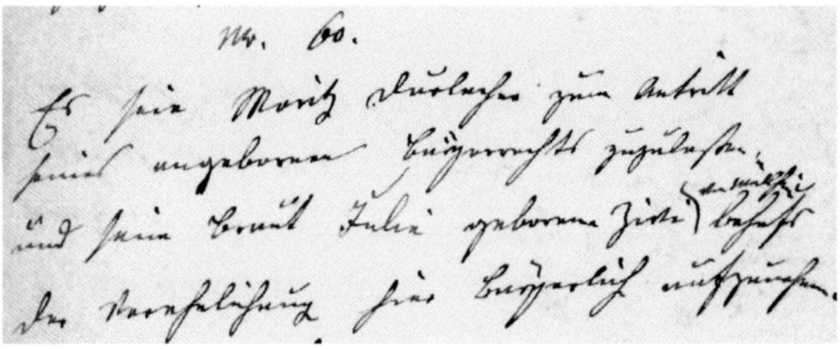

Protokoll vom 20. Februar 1870: Annahme des Moritz Durlacher als Bürger

Nr. 60.
Es seie Moritz Durlacher zum Antritt seines angeborenen Bürgerrechts zuzulassen und seine Braut Julie geborene Zivi von Müllheim behufs der Verehelichung hier bürgerlich aufzunehmen.

Oder es wird (1877) *der israelitische Bürger Simon Durlacher zum Bezug des Bürgernutzens zugelassen gegen Entrichtung der gesetzlichen Einkaufsgebühren.* Mehrfach erscheinen jüdische Bürger vor dem Gemeinderat mit Grundstücksangelegenheiten, einzelne auch mit Rechtsstreitigkeiten.

Sogar einen Fall von „Abschiebung" einer jüdischen Familie nach zeitweiliger „Einbürgerung" finden wir: *Salomon Posener, Sohn des Wolf Posener von Garkow, Rußland,* wird (1886) bescheinigt, *daß er als deutscher Staatsbürger angenommen werden solle.* 1892 wird jedoch *die Heimweisung der Familie Posner* (junior) *nach § 3 des badischen Aufenthaltsgesetzes* verfügt, obwohl, so vermerkt der Ratschreiber ausdrücklich, *es dem Gemeinderath nach Lage nicht ganz geboten erscheint.* Denn Salomons Eltern lebten und starben als Kippenheimer Bürger[57].

Mit neuem Selbstbewusstsein brachte sich die Kippenheimer Judenschaft auch in das Leben der Dorfgemeinschaft ein. Zur jüdischen Tradition gehören Stiftungen Wohlhabender für soziale Zwecke. So hatte der Gemeinderat z. B. die Rechner zu bestellen für den *Lion Cerfschen Synagogen- und Armenfonds* (1883: David Weill), wie auch für den *Lion Cerfschen Witwen- und Armenfonds,* (1888: Heinrich und Samuel Weill). Besondere Bedeutung erlangten die Stiftungen der Weinhändlerfamilie Durlacher[58]. 1876 stifteten sie die neue Thorarolle und einen Fonds *für die Bedürftigen Kippenheims jeglicher Konfession.* Es folgte im Jahre 1909, ein Vierteljahrhundert nach dem Umzug der Firma und der Familie nach Hamburg, eine weitere *Stiftung zugunsten der ortsansässigen Bedürftigen, ohne Unterschied der Confession,* mit der Versicherung, *dass wir unser schönes Badener Land nie vergessen werden*[59]. Hier klingt neben der Erinnerung an die Heimat wohl auch die Anerkennung der badischen Emanzipationspolitik an. Nicht ohne Grund erhielten viele jüdische Gasthäuser den Namen „Badischer Hof“, so auch in Kippenheim.

Der Gewinn der jüdischen Aktivitäten für das Leben der Gemeinde, vor allem auf kulturellem Gebiet, fand seine Würdigung in der zunehmenden Teilnahme des ganzen Dorfes an deren Festen[60]. Am Festumzug zur feierlichen Einweihung der Thorarolle nahmen mit der jüdischen Gemeinde, dem Synagogenrat und den Thoraträgern laut Programm auch *eine Militärmusik-Kapelle, die Schuljugend, die Geistlichkeit, die Herren Lehrer, Beamten und bürgerlichen Collegien* teil.

Zu großen überörtlichen Ereignissen wurden 1891 das Fest zur Verabschiedung von Moritz Durlacher nach Hamburg und 1899 das Gesangfest des Oberbadischen Synagogenverbandes in Kippenheim.

Antisemitische Störungen blieben beim gemeinsamen Feiern nicht aus. So 1902 zum Geburtsfest für den Großherzog: Beim Festessen im *Gasthaus zum Anker sprach Herr Pfarrer Lorenz den Toast auf unseren Landesfürsten, während* (der jüdische Arzt) *Dr. Manes den Kaisertoast ausbrachte. Das Festessen erfreute sich einer Regen Teilnahme aus allen Schichten der Orsteinwohner.* Der Oberförster Fischer wies allerdings die Einladung zurück *mit den Worten: Ich gehe nicht in ein Lokal, wo Juden sind*[61]. Scharf rügt der Zeitungsbericht das *merkwürdige Benehmen* des „Herrn Oberförsters“, dass er *einen solch patriotischen Anlass benützt, seine Denkungsart zu dokumentieren* und belehrt ihn: *Man ist hier gewohnt, in Frieden nebeneinander zu wohnen.*

Höhepunkt des gemeinsamen Feierns war im Jahre 1906 das Fest zum 80. Geburtstag des Großherzogs Friedrich. Ganz besonders tat sich dabei die israelitische Gemeinde hervor. Die Lahrer Zeitung berichtete, dass nach einem Gottesdienst in der Synagoge zu einem „Gabelfrühstück“ im „Badischen Hof“ geladen wurde, *wobei Reden gehalten wurden auf den Jubelfürsten, auf Eintracht und Gemeindefrieden, auf Bürgermeister und Gemeinderat und auf den Synagogenrat, den Spender dieses frugalen Mahles.*

Für die Kippenheimer Schulkinder blieb es allerdings auch nach vollendeter bürgerlicher Gleichstellung der jüdischen Mitbürger 1862 zunächst noch für mehr als ein Jahrzehnt bei der Trennung nach Konfessionen. Mit Sach- und Personalkosten dreier Schulen hatte sich der Gemeinderat weiterhin zu befassen; hierfür ein paar Beispiele: *Für die katholischen Unterlehrer Blum und Schmolk* wurden *Zimmergerätschaften, 1 kleiner Tisch und 2 Stühle genehmigt* (1866); *die Industrielehrerin Magdalena Klasterer* (wurde) *an der evangelischen Schule dahier* eingestellt (1867); beschlossen wurde auch, *es solle beim Antrag des israelitischen Ortsschulraths verbleiben, daß das Schulgeld jeden Kindes jährlich 1 fl. 12 xr.* (1 Gulden, 12 Kreuzer) betrage (1869). Einen ersten Schritt zum gemeinsamen Unterricht beschloss der Gemeinderat 1873: *Es solle den isr. Mädchen* (nach Vollendung des Volksschulalters) *gestattet werden, die Fortbildungsschule*[62] *der kath. oder der evang. Schule besuchen zu dürfen.*

Im folgenden Jahr 1874, somit zwei Jahre vor der verpflichtenden Einführung der Simultanschule in ganz Baden, ergreift der Gemeinderat Kippenheim die seit 1868 bestehende freiwillige Möglichkeit, die drei getrennten Schulen zusammenzuführen. In drei Schritten schafft er die *gemeinschaftliche Schule*[63]: Die *Abstimmung zur Communalschule* wird am 8. August beantragt. Drei Wochen später legt man das Verfahren fest: *Die* (getrennte) *Abstimmung für die gemischte Volksschule, 1. die israelitische, 2. die evangelische, 3. die katholische Confession.* Am 16. September unterschreiben der Bürgermeister und alle Gemeinderäte den kurzen Beschluss zur Einführung der Simultanschule. Die konfessionellen Volksschulen waren damit für Kippenheim Geschichte.

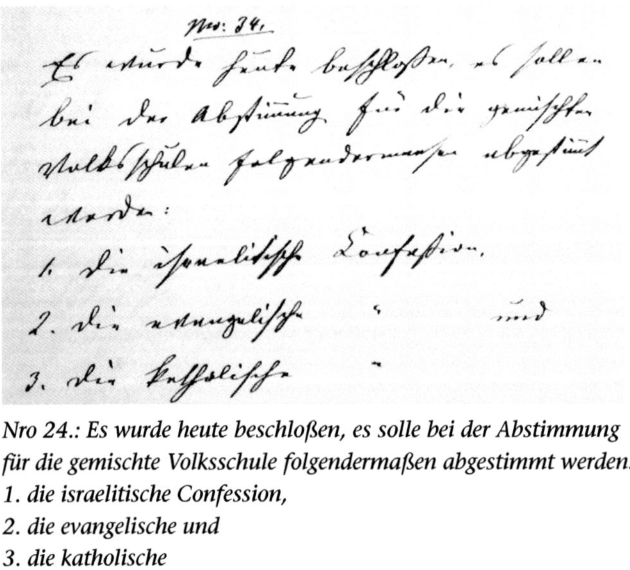

Die entscheidenden Beschlüsse zur Simultanschule vom 29.8. …

Nro 24.: Es wurde heute beschloßen, es solle bei der Abstimmung für die gemischte Volksschule folgendermaßen abgestimmt werden:
1. die israelitische Confession,
2. die evangelische und
3. die katholische

Über 90 Jahre lang, bis zur Umwandlung in eine Grund- und Hauptschule 1966/67, erfuhr der überwiegende Teil der Kippenheimer Jugend seine grundlegende Bildung in dieser Volksschule, einer „Simultanschule badischer Prägung“.

Als Folge der Gründung des Deutschen Reiches vom Jahre 1871 wurde fast gleichzeitig mit der Kippenheimer Schulreform die Lehrerbesoldung umgestellt von Gulden und Kreuzern auf Mark und Pfennige[64]. Bereits ein Jahr nach ihrer Gründung nahm die Schulaufsicht eine *außerordentliche Visitation der gemischten Volksschule zu Kippenheim* vor[65]. Der Visitationsbericht sah die acht (!) Klassen der drei (!) Lehrer *in einem guten bis hinlänglichen Zustande.*

Der Start in die neue Gemeinsamkeit war aber zunächst belastet durch Unstimmigkeiten unter den Lehrern, wie auch zwischen dem Gemeinderat, der israelitischen Gemeinde und den Schulbehörden. Schon im Oktober 1874 bat die Schulverwaltung den Gemeinderat Kippenheim um Vorschläge zur Besetzung der Schulleitung („Erster Lehrer“), denn *der Hauptlehrer Wilmersdorf* (hatte) *in einer Eingabe um die 1. Lehrerstelle nachgesucht*[66]. Der Gemeinderat begründete seinen Vorschlag, die Lehrerstellen in der Rangfolge Paul Helfesrieder, Heinrich Bauer und Abraham Wilmersdorf zu besetzen damit, dass er die Dienstjahre und Leis-

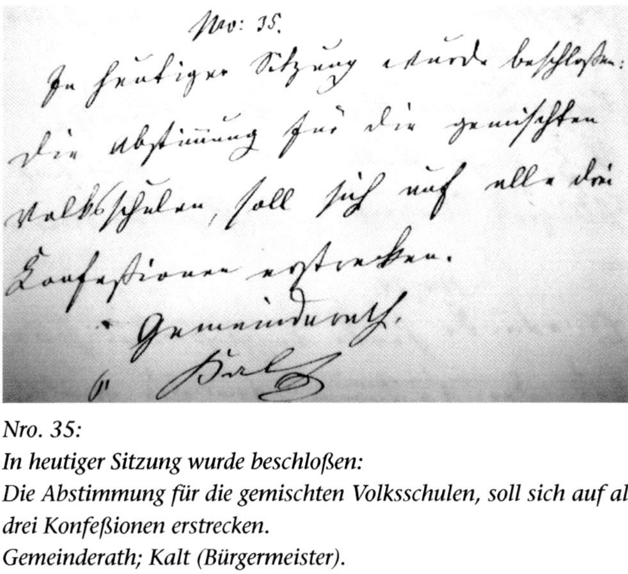

... und 16.9.1874

Nro. 35:
In heutiger Sitzung wurde beschloßen:
Die Abstimmung für die gemischten Volksschulen, soll sich auf alle drei Konfeßionen erstrecken.
Gemeinderath; Kalt (Bürgermeister).

tungen der Lehrer, sowie die Schülerzahlen der Konfessionen berücksichtige[67]. Die Behörde setzte Wilmersdorf schließlich an die dritte Stelle. Der Einspruch der israelitischen Gemeinde wurde abgewiesen, denn die Entscheidung liege *im freien Ermessen der Staatsgewalt.* Deren weitere Begründung, der Lehrer werde *durch die Entschließung des Großherzogl. Oberschulrathes hinsichtlich seiner Ansprüche auf Einkommen in keiner Weise beeinträchtigt*, wird verständlich durch den vorangegangenen Beschluss des Gemeinderats[68]: *Es seie dem Hauptlehrer Wilmersdorf wie dem zweiten Hauptlehrer 960 Mark jährlich auszubezahlen, wenn derselbe als dritter Hauptlehrer ernannt wird.* Im April 1877 wird – nach Wilmersdorfs Versetzung oder Pensionierung? – *die III. Hauptlehrerstelle an Nathan Liebmann aus Mannheim*[69] vergeben.

Dem gemeinsamen Unterricht dienten für die nächsten Jahre das katholische Schulhaus auf dem Schulberg und das evangelische in der Steingasse. Beide Häuser wurden mehrfach saniert und umgebaut. Der Dissens um die Nutzung des bisherigen israelitischen Schulhauses musste gerichtlich geklärt werden (1875).

Die Lehrer der Volksschule unterrichteten auch die Schulentlassenen in der Fortbildungsschule. Hierzu finden wir einen Hinweis der Rücksichtnahme auf religiöse Belange im Schreiben der *Großherzoglichen Kreisschulvisitatur*[70]: *Weil die Israeliten am Samstag zum Schreiben nicht gezwungen werden können, so ist im Winterhalbjahr die Fortbildungsschule am Mittwoch abzuhalten.* Vermutlich mit Rücksicht auf den Einsatz der Schulkinder in der Landwirtschaft entschied die Behörde 1884[71], dass *die Verlegung des Unterrichts auf die Zeit von 6–11 ½* (!) *Uhr für die Monate Juli und August genehmigt wird.* Im Februar 1885 wurde erstmals ein Schulneubau erwähnt und 1890 der nötige Bauplatz auf dem Schulberg angekauft.

Bald wurde konkret geplant und der Neubau Anfang 1891 mit einem Kostenaufwand von 75.000 Mark beschlossen; 45.000 Mark mussten dafür bei der Sparkasse Ettenheim aufgenommen werden. Bereits im Juli konnte den am Schulbau beteiligten *Maurern und Zimmerleuten ein Aufschlagschmaus verabreicht werden.* 400 Liter Bier wurden dafür bestellt[72]. Zur feierlichen Einweihung des fertigen Gebäudes[73] am 12. Juni 1892 erhielten auch die Schulkinder *eine Gabe, bestehend aus einem Weck, sowie einem Ausflug in den folgenden Tagen, pro Kopf 30 Pfennig.* Per Beschluss des Gemeinderats wurde festgelegt, in welchem Schulsaal *der I., II. und III. Hauptlehrer* unterrichten sollte, ebenso die Einteilung und Nutzung der

Holzremise für den Holzvorrat, welcher den Lehrern von der Gemeinde *verabreicht wurde. (Siehe dazu: Das neue Schulhaus von 1892 im Jahre 2015 → Seite 159.)*

Mit der Entscheidung für die Simultanschule von 1874 und dem Schulbau von 1892 war die Volksschule Kippenheim für die nächsten Jahrzehnte ein Beispiel geglückter, auf Integration gerichteter Schulpolitik, ein Ort des Lebens und Lernens in Gemeinschaft. In einer Gemeinde, die hierfür offen war und gewillt, Toleranz und gegenseitigen Respekt über Trennung und Ausgrenzung zu stellen – bis dann der große Bruch in der deutschen wie in der Dorfgeschichte durch die Herrschaft der Nationalsozialisten der Gemeinsamkeit ein Ende setzte.

Die israelitische Gemeinde Kippenheims hatte schon in den 1870er-Jahren, also vor der Errichtung der Simultanschule, ihren zahlenmäßigen Höchststand überschritten. Mit 323 Personen im Jahre 1871 waren es etwa 16% der rund 2000 Einwohner[74]. Dem Anteil an der Bevölkerungszahl entsprach auch die Zahl der israelitischen Kinder in der Schule (1893 noch 13,5%). Die badischen Emanzipationsgesetze begünstigten den Wegzug vieler Juden vom Land in die Städte. So sank deren Zahl in Kippenheim bis 1925 auf 8,4% (153 von insgesamt 1.821 Einwohnern[75]) und bis zur Machtübernahme der Nationalsozialisten 1933 auf 7,8% (144 von 1856 Ew.[76]).

Die jüdischen Bürger stellten sich selbstverständlich ihren mit den neuen Rechten verbundenen Pflichten. In Kippenheim übernahmen sie bald auch kommunalpolitische Aufgaben und wurden in unterschiedliche Ämter gewählt. Zu „Schätzungsratsmitgliedern“ für die Steuerkommission wurden im Februar 1890 Heinrich Wachenheimer, Heinrich Weill und Joseph Wertheimer ernannt, Moses Durlacher im Mai 1893 zum Beisitzer zur Wahl eines Reichstagsabgeordneten (es galt noch das Dreiklassenwahlrecht für Höchst-, Mittel- und Niederbesteuerte). Für das 20. Jahrhundert sind als Gemeinderäte Joseph Wertheimer, Samuel Wertheimer und Max Auerbacher belegt (Näheres im Kapitel „Das Kippenheimer Lied“).

In Erfüllung der Wehrpflicht kämpften Mitglieder der Kippenheimer jüdischen Gemeinde im Ersten Weltkrieg für ihr Vaterland; acht Kriegsopfer hatte sie zu beklagen, fünf davon aus der Liste DIE ISRAELITISCHEN KINDER der Volksschule Kippenheim[77].

Das Protokollbuch des Gemeinderats endet am 20.12.1893 mit dem Beschluss, *daß dem Gustav Weil die Weide* (für Schafe) *auf der Gemeindewiese für 500 Mk überlassen* wird.

Eine Folge der bürgerlichen Gleichstellung war die Wehrpflicht, die nun auch für die jüdischen Männer galt. Im Ersten Weltkrieg hatte die jüdische Gemeinde Kippenheims acht Todesopfer und einige Verwundete zu beklagen.

Berthold Auerbacher, der Vater von Inge Auerbacher, als Soldat im Ersten Weltkrieg[78]. Weil er „für sein Vaterland" gekämpft hatte und wegen seiner Verwundung, hoffte er während des „Dritten Reiches" vergeblich, der Verfolgung zu entgehen. Foto: Inge Auerbacher. (Bearbeitung Philipp Faller).

Schülerzahlen der Volksschule Kippenheim

Erstaunlicherweise finden sich nach dem langen und mit harten Bandagen geführten „Kulturkampf", nachdem die staatliche Schulaufsicht durchgesetzt ist und die Gemeinde Kippenheim im Jahre 1874 ihre „Kommunalschule" eingeführt hat, im katholischen Pfarrarchiv von Kippenheim keine Hinweise auf weitere Konflikte um die Schulen. – Ausgenommen die bereits geschilderte Auseinandersetzung der *Lahrer Zeitung* mit dem ersten katholischen Stadtpfarrer in Lahr, Albert Förderer, die ihren Niederschlag in den Gemeindeakten gefunden hatte. – Offensichtlich hatten sich alle bald mit den neuen Gegebenheiten arrangiert. Die Kinder gingen gemeinsam zur Schule, wo sie nach den Vorgaben der badischen Bürokratie auch registriert wurden. Bereits im „Befehl-Buch zur evangelischen Schule" finden wir erste Listen von Schulpflichtigen für die Jahre 1851 (20 Kinder), 1852 (20) und 1854 (17), allerdings nur die evangelischen.

Zwölf Jahre nach dem Übergang zur „gemischten Volksschule" in Kippenheim wurde das Buch der Liste A angelegt. Alle Kinder der Geburtenjahrgänge 1879/80 bis 1949/50 sind mit Namen, Geburtsdatum und Konfession, getrennt nach Knaben und Mädchen, in die vorgedruckten Rubriken eingetragen. Es folgen Name und Beruf des Vaters (bei wenigen Ausnahmen die Mutter oder ein Verwandter), die Daten des Ein- und Austritts, sowie Anmerkungen. Liste B erfasst nicht nur einen wesentlich kürzeren Zeitraum (Einschulungen 1934 bis 1955), sondern auch nur die in Kippenheim Geborenen, was vor allem in den Kriegs- und Nachkriegsjahren mit ihrer hohen Bevölkerungsfluktuation zu deutlichen Differenzen bei Namen und Zahlen für den jeweiligen Jahrgang führt. Die in Liste A vermerkten Daten der Einschulung belegen für diesen Zeitraum deutlich mehr Erstklässler, als Kinder in Kippenheim geboren wurden. Viele der während des Krieges aus den deutschen Großstädten „Evakuierten" und „Ausgebombten" sowie viele Flüchtlinge und Vertriebene der Nachkriegszeit zogen während der Schulzeit wieder aus Kippenheim weg.

2782 Kinder der Einschulungsjahrgänge von 1886 bis 1956 können wir insgesamt nach Liste A ermitteln, nahezu gleich viele Knaben und Mädchen, durchschnittlich 34 Kinder pro Jahrgang. (Siehe hierzu Anhang 1: Schülerzahlen der Volksschule Kippenheim 1886 bis 1956) Die

Evangelisches Befehl-Buch: Erste Einschulungsliste 1851:
Geboren vom 23. April 1844/45. Schulpflichtig auf 23. April 1851

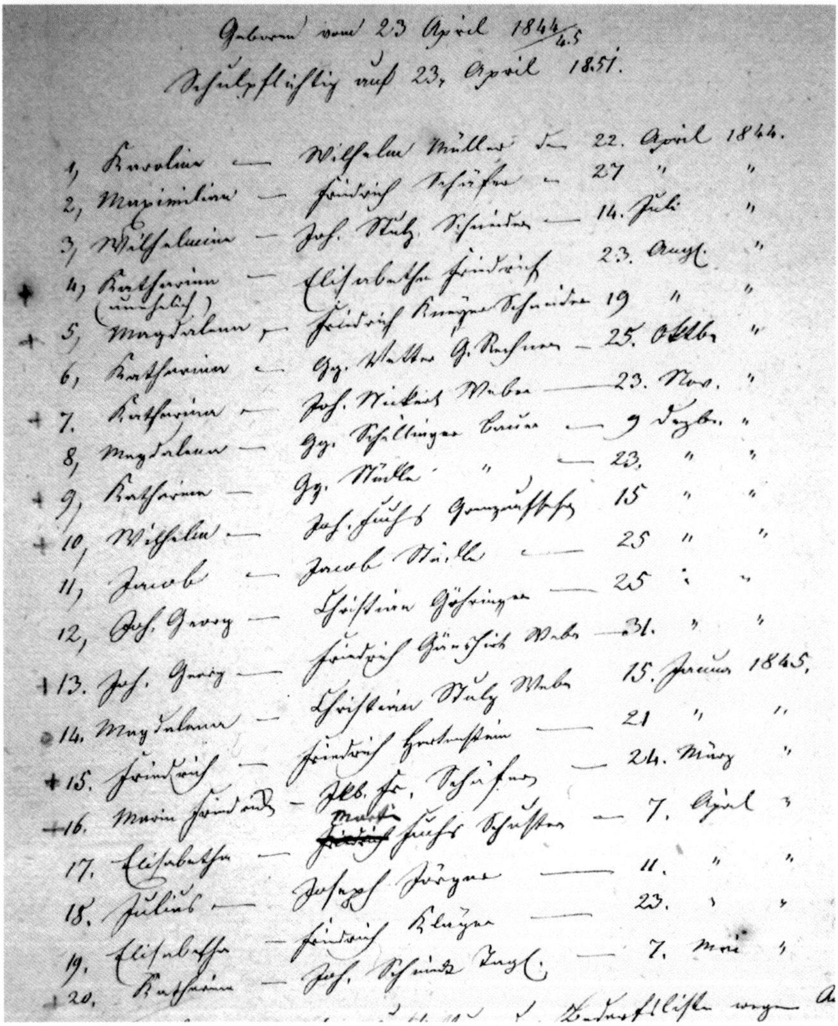
Geboren vom 23 April 1844/45
Schulpflichtig auf 23. April 1851.

Schon im *Befehlbuch zur Evangelischen Schule* finden wir erste Schülerlisten. Bis heute sind einzelne dieser Familiennamen in Kippenheim lebendig.

schwankenden Geburtenzahlen wirken sich jeweils erst sechs Jahre später auf die Einschulungsjahrgänge und in der Folge auf die Gesamtschülerzahlen aus. Schon wenige Jahre nach Beginn der Aufzeichnungen sind die zahlenstärksten Jahrgänge der Schulgeschichte verzeichnet, mit ihnen erreichte die achtklassige Volksschule Kippenheim bereits 1896 ihre höchste Schülerzahl mit etwa 390 Kindern. Diese Zahl wurden erst 1966 überschritten[79], als in Baden-Württemberg die Grund- und Hauptschule mit nunmehr neun Jahrgangsstufen eingeführt und die Schmieheimer Fünft- bis Neuntklässler hinzugekommen waren[80].

Nach einem leichten Rückgang um die Wende 1899/1900 blieben die Jahrgänge konstant zwischen 45 und 50 Kindern, bis sie in den Jahren des Ersten Weltkriegs abfielen auf 10 Geburten 1918/19. Damit sank die Gesamtschülerzahl um 1928 auf etwa 230. Von 1919 bis 1944 blieben die Zahlen bei durchschnittlich 40 Erstklässlern. Einmalig war die hohe Zahl von Schulanfängern 1945 mit den 65 Geburten des Jahrgangs 1939. Der Zweite Weltkrieg ließ die Zahlen wieder stark sinken: Von 1942 bis 1946 waren es durchschnittlich 22, was 1955 zur niedrigsten Gesamtschülerzahl von knapp unter 200 führte. Der Wiederanstieg der Geburten in den Nachkriegsjahren mündete schließlich in die von der Kultusverwaltung erhobenen Statistiken[81]. Diese und die Umstellung von der Listenführung auf Karteikarten sind wohl die Gründe dafür, dass die Eintragungen in den Kippenheimer Schülerlisten mit der Einschulung 1956 enden.

Die konfessionelle Statistik zeigt, dass die katholischen Schüler den größten und stetig wachsenden Teil stellten. Zwar wurde Kippenheim im Jahre 1624 als ganz evangelisch beurkundet[82]. Damals habe sich *khein einiger catholischer underthan befunden.* Die Gegenreformation brachte jedoch die Rekatholisierung. Nach dem Ende des Dreißigjährigen Krieges begann das Simultaneum, d. h. die gemeinsame Nutzung der Pfarrkirche durch beide Konfessionen. „So gab es seit 1651 bis auf den heutigen Tag je einen evangelischen und katholischen Pfarrer in Kippenheim“[83].

Zum Beginn der Aufzeichnungen in Liste A bis 1900 war fast Hälfte der Schulkinder katholisch, etwa 36,7 % waren evangelisch und 13,5 % israelitisch. Danach sank der Anteil der letzteren durch Abwanderung[84] vieler jüdischer Familien bis 1918 schon auf 9,8 % und bis zur „Machtergreifung“ der Nationalsozialisten 1933 weiter auf 6,4 %. Die Flucht der jüdischen Familien vor dem Naziterror ließ eine Handvoll israelitischer Kinder im Frühjahr 1938 übrig, bis schließlich die Brüder Maier am 10. November als letzte aus der Volksschule Kippenheim ausgeschlossen wurden. Die Zahl katholischen Schüler stieg zwischen 1918 und 1938 auf 61,8 %, die evangelischen erreichten 32,9 %.

Einschulungen 1886–1900 – Geburtsjahrgänge 1879–1894

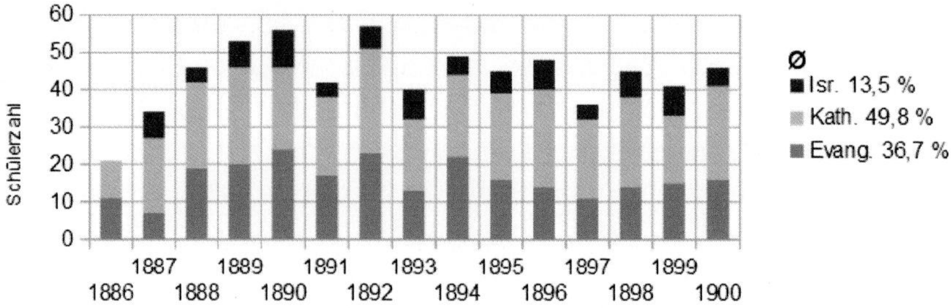

Einschulungen 1901–1918 – Geburtsjahrgänge 1894–1912

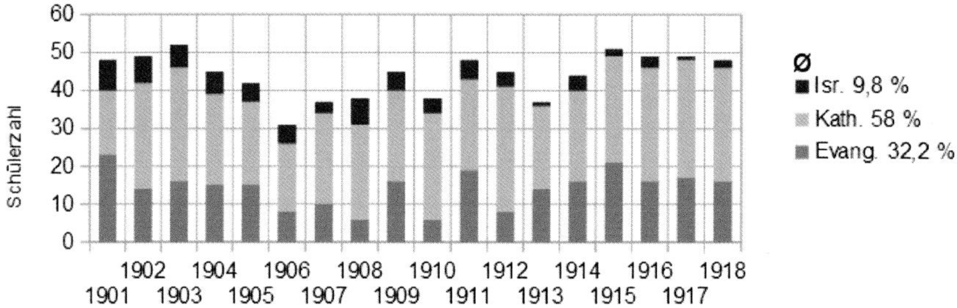

Einschulungen 1919–1938 – Geburtsjahrgänge 1912–1932

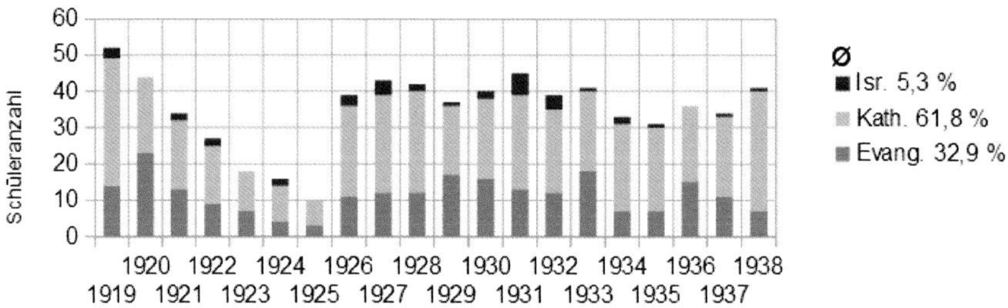

Einschulungen 1939–1956 – Geburtsjahrgänge 1932–1950

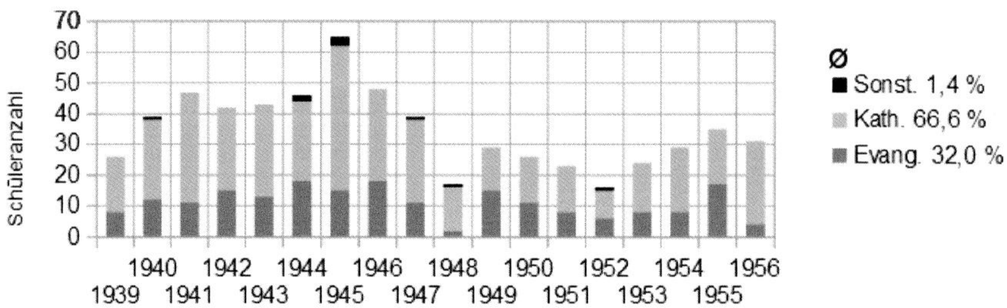

In den Kriegsjahren tauchten in den Schülerlisten ein paar der im „Dritten Reich“ als neue „Konfession“ entstandenen „Gottgläubigen“ auf und verschwanden wieder. Bis zum Ende der handschriftlichen Aufzeichnungen 1956 stieg der Anteil der katholischen Kinder weiter auf 66,6%, die evangelischen erreichten 32%, während Kinder anderer Konfessionen statistisch kaum ins Gewicht fallen.

In den 92 Jahren ihrer Geschichte (1874–1966) erlebte die Volksschule Kippenheim mehrfach eine Verlegung des Schuljahresbeginns. Seit den ersten Aufzeichnungen im „Befehl-Buch“ war er auf dem Ostertermin gelegen. Je nach Datum des Osterfestes kamen die Kinder meist im April, seltener im März oder im Mai in die Schule. Von 1941 bis 1951 wurde im September eingeschult, dann nach einem „Kurzschuljahr“ wieder nach den Osterferien. Mit der Schaffung der Grund-, Haupt-, Real- und Sonderschulen, startet der Unterricht nach zwei erneuten „Kurzschuljahren“ (Ostern bis Weihnachten 1966, Januar bis Sommer 1967), wieder nach den Sommerferien und amtlichem Schuljahresbeginn am 1. August.

Noch verwirrender als die Verlegungen der Schuljahresanfänge sind für eine Statistik der Geburtsjahrgänge die wechselnden „Stichtage“, also ab welchem Geburtsdatum die Kinder eines Jahrgangs jeweils schulpflichtig waren. Bis 1893 galt unverändert der schon in den Listen des „Befehl-Buchs“ stehende 23. April, demnach wurden die Kinder i. d. R. „nach Vollendung des sechsten Lebensjahres“ in die Schule aufgenommen. Seither wechselten die Jahrgangszuschnitte immer wieder, nicht nur bei Verlegung des Schuljahresbeginns.

Zu den Gesamtschülerzahlen der Schule gibt es nur wenige, über die verschiedenen Quellen verstreute Hinweise. Die Gesamtzahlen in der letzten Spalte des Anhangs 1 sind aus jeweils acht Einschulungsjahrgängen summiert und müssten um die Zahl der Abgänge (Wegzüge, Todesfälle und Übergänge an andere Schulen) nach unten korrigiert werden. Die dazu nötigen Vermerke der Schule in Liste A sind für eine präzise Statistik aber leider zu lückenhaft; für viele Jahre fehlen sie ganz (z. B. 1904–1914). Die Berechnungen zu Anhang 1 münden mit rund 2% Abweichung in die 1952 einsetzende amtliche Statistik.

Nur wenige Kippenheimer Schüler wagten – bzw. ihre Eltern entschieden sich für – den „Sprung“ in eine „höhere Schule“. Aus den Jahrgängen, für die ein solcher Übergang in Liste A notiert ist, errechnen sich bis um 1900 etwa 2,5 %, in der Weimarer Zeit etwa 4 %[85]. Auch von diesen wenigen „Übergängern“ machte nur ein Teil das Abitur (Näheres dazu im nächsten Kapitel).

Die Schüler israelitischer Konfession

Laut Protokoll der Religionsprüfung für 1938 zählte die Volksschule Kippenheim am 24. März „181 römisch-katholische, 96 protestantische und 5 israelitische Kinder“[86]. Aber nachdem am 10. November 1938 als letzte die Brüder Maier aus der Schule ausgeschlossen waren, gab es nach 64 Jahren gemeinsamen Lernens, seit der Zusammenführung der drei Konfessionsschulen im Jahre 1874, hier keine Schüler jüdischen Glaubens mehr.

Das erste Kind israelitischer Konfession im ersten notierten Einschulungsjahrgang 1886 ist Rosa Wertheimer, die Tochter des Metzgers Judas Wertheimer (*4.3.1880). Es folgen bis zur Aufnahme von Manfred Auerbacher als Erstklässler im April 1938 weitere 204 unter den bis dahin 2160 Kippenheimer Kindern. In die Aufstellung „DIE ISRAELITISCHEN KINDER

Israelitische Kinder, Auszüge aus Liste A

Selma Stern u. Klara Auerbacher, Einschulung 1897 (Liste der ISRAELITISCHEN KINDER Nr. 111 u. 12)

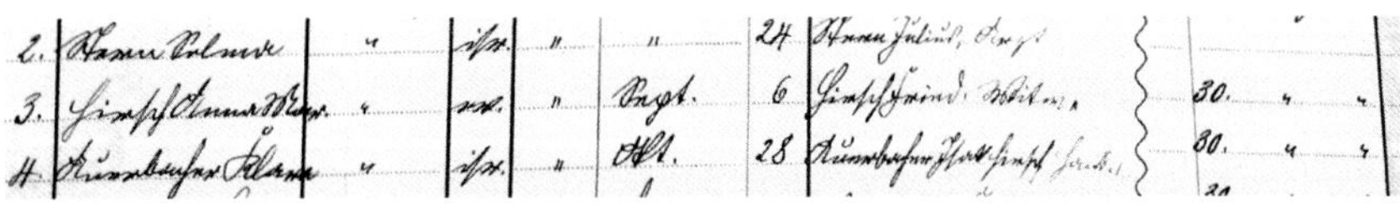

2. Stern Selma isr. 1890 – Juli – 24 Stern Julius, Arzt
4. Auerbacher Klara isr. 1890 – Okt. – 28 Auerbacher Isak Hirsch, Handelsm.

Erich Valfer u. Hans L. Weill, Einschulung 1926 (Liste der ISRAELITISCHEN KINDER Nr. 118 u. 143)

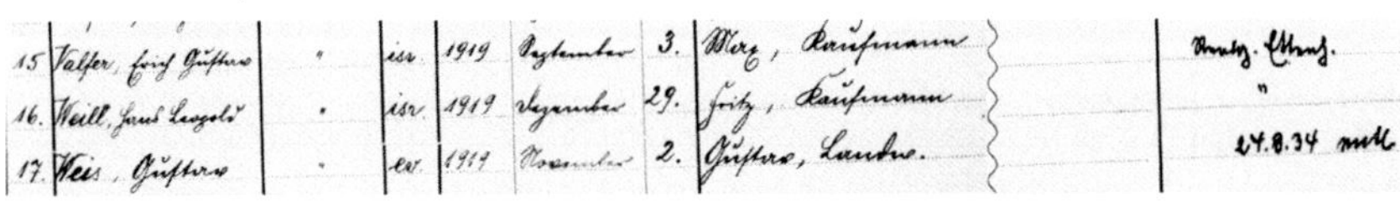

15. Valfer Erich isr. 1919 – September – 3. Max, Kaufmann Reag. Ettenh.
16. Weill Hans Leopold isr. 1919 – Dezember – 29. Fritz, Kaufmann

Hedy Epstein (geb. Wachenheimer), Einschulung 1931 (Liste der ISRAELITISCHEN KINDER Nr. 125)

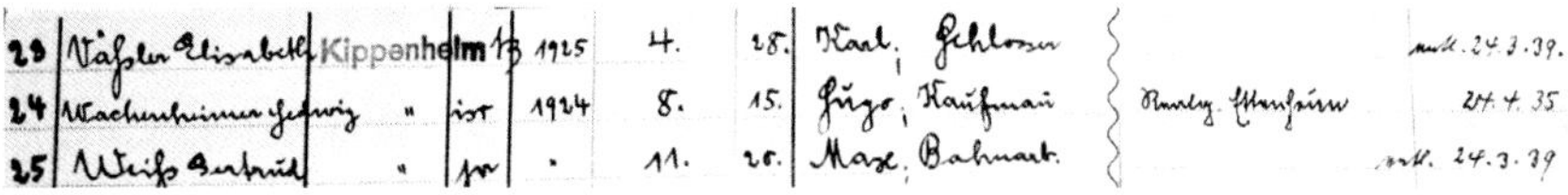

24. Wachenheimer Hedwig, isr., 1924–8-15. Hugo, Kaufmann Realg. Ettenheim, 24.4.35

Stefan Wertheimer, Einschulung 1932 (Liste der ISRAELITISCHEN KINDER Nr. 212)

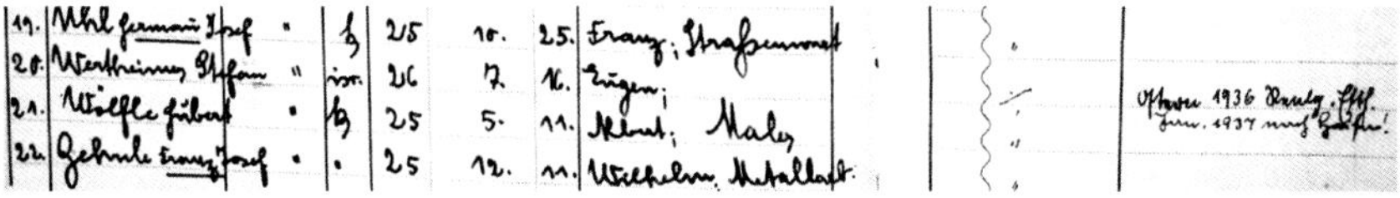

20. Wertheimer Stefan, isr. 1926–07–11 Eugen Ostern 1936 Realg. Etth., Jan. 1937 nach Haifa

Heinz Maier u. Peter Wertheimer, Einschulung 1934 (Liste der ISRAELITISCHEN KINDER Nr. 97 u. 213)

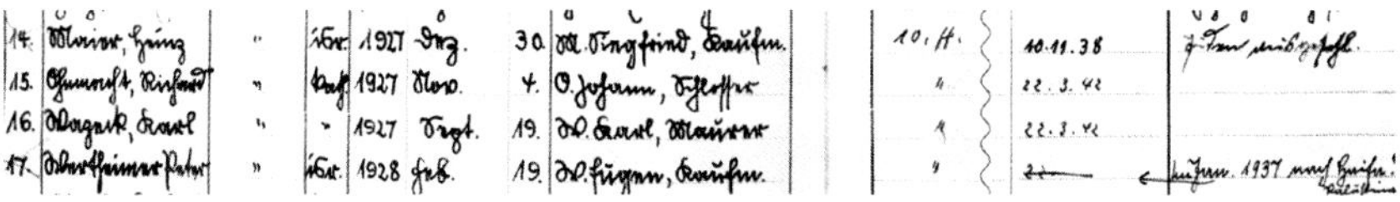

14. Maier, Heinz isr. 1927 Dez. 30. M. Siegfried, Kaufm. 10.11.38 Jude ausgeschl.
17. Werth. Peter isr. 1928 Feb. 19. W. Eugen, Kaufm. im Jan. 1937 nach Haifa, Palästina

Kurt Salomon Maier, Einschulung 1937 (Liste der ISRAELITISCHEN KINDER Nr. 98)

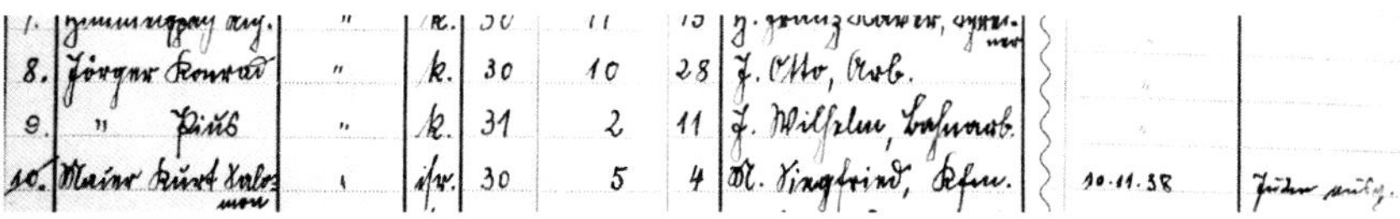

10. Maier, Kurt Salomon isr. 30–5–4 M. Siegfried, Kfm., 10.11.38, Jude ausg.

Manfred Auerbacher, Einschulung 1938, (Liste der ISRAELITISCHEN KINDER Nr. 55)

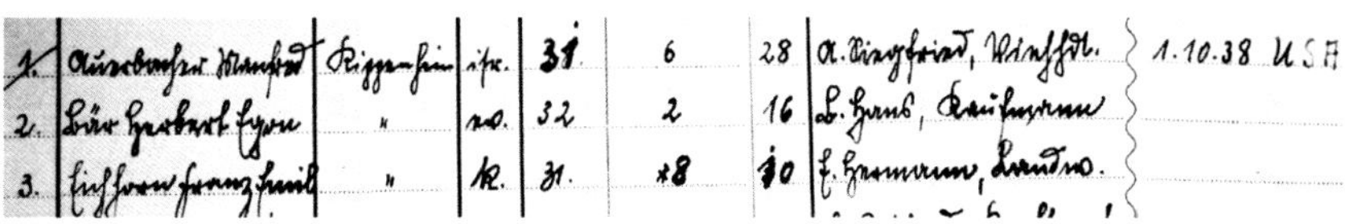

1. Auerbacher Manfred, Kippenheim isr., (19)31–6-28 A. Siegfried, Weinhdl. 1.10.38 USA

der Volksschule Kippenheim“ (Anhang 2) sind 14 weitere aufgenommen, die laut Liste A in Kippenheim geboren wurden, deren Familien bis zur Einschulung aber, vor allem durch die politischen Ereignisse bedingt, weggezogen waren, darunter die letzten in Kippenheim geborenen jüdischen Kinder Doris Wertheimer (*6.8.1931) und Inge Auerbacher (*31.12.1934).

Zwei Drittel aller israelitischen Schulkinder ab1886 kommen aus den drei ältesten Familien: 70 heißen Wertheimer, 56 Auerbacher und 18 Weil/Weill. Diese drei Namen sind bereits durch ein Schriftstück von 1793 belegt[87]. Schon hundert Jahre zuvor waren die aus Stühlingen geflohenen Weyl in Kippenheim ansässig, sie gehören zu der über ganz Mittel-

Die jüdischen Kinder und Jugendlichen Kippenheims mit Kantor Schwab 1935

Vordere Reihe: Manfred Auerbacher (mit Puppe), Doris Wertheimer, Kurt Maier
2. Reihe (v. l.): Peter Wertheimer, Heinz Maier, Theo Auerbacher, Margot Wertheimer, Stefan Wertheimer, Hans Durlacher, Lore Auerbacher, Ellie Auerbacher
links zwischen 2. und 3. Reihe: Betty Auerbacher
3. Reihe (v. l.): Kantor Gottfried Schwab, Gretel Durlacher, Beate Auerbacher, Irene Wertheimer, Siegbert Auerbacher, Hedwig Wachenheimer, Günter Wertheimer, Hans Wertheimer
4. Reihe (v. l.): Hertha Wertheimer, Ilse Wertheimer, Pia Wertheimer, Max Wertheimer (mit Hut), Poldi Auerbacher (mit Schirmmütze), Kurt Wertheimer (mit Strickmütze), Erich Valfer (mit Schülermütze)
*Nicht auf dem Foto: Inge Auerbacher(*31.12.1934, sie war also zur Entstehungszeit des Fotos noch ein Baby), Else Auerbacher (15.4.1934 nach NY) und Ruth Auerbacher (4.2.1938 nach NY)*
Foto aus gedenkstaetten-suedlicher-oberrhein.de
Zuordnung der Namen bearbeitet durch Karl Kopp

europa verstreuten Familie[88]. Der spätere Kantor in Dessau, Albert Weill, Vater des Komponisten Kurt Weill[89], wurde in Kippenheim geboren. Die Wertheimer sind vor allem als Metzger und Wirte zum „Badischen Hof“ genannt, aber auch als Kaufleute unterschiedlichster Branchen. Die Auerbacher sind mit einer Bäcker- und mehreren Kaufmannsfamilien vertreten. Die restlichen 74 Kinder tragen einen der meist nur durch eine Familie vertretenen 24 weiteren Namen. Von Gewicht waren darunter die Durlacher[90] mit 12 Schulkindern, die Wachenheimer und Maier mit je sieben, die Familien des Kaufmanns Max Valfer und des Kantors Saul Eichenbaum mit sechs bzw. fünf Kindern. Die Familie des israelitischen Lehrers Zimmern hatte vier Kinder. Auf sein Wirken gehe ich im Kapitel „Das Kippenheimer Lied“ besonders ein.

Wie gelang in den Schulen das Zusammenleben der drei Konfessionen bzw. das der christlichen Mehrheit mit der israelitischen Minderheit? Es gibt hierzu nur sehr wenige, auf verschiedene Quellen verstreute Hinweise. Insgesamt scheint das Bemühen der badischen Regierung um Integration aller Regionen und Religionen durch die positiven Entwicklungen auf kommunaler Ebene über Jahrzehnte hin erfolgversprechend, wie wir schon im Kapitel „Communalschule mit allen drei Confessionen“ sahen. Stets harmonisch und völlig störungsfrei dürfen wir uns das Verhältnis dann doch nicht vorstellen, wenn wir die in der Vorgeschichte zur Simultanschule dargestellten Schwierigkeiten betrachten und wenn wir bedenken, wie manche Vorbehalte, Vorurteile und Abgrenzungen der Christen untereinander die Jahrhunderte überdauerten.

Zum Gelingen der Integration in Kippenheim hat sicher auch das jahrzehntelange Wirken des jüdischen Lehrers Hermann Zimmern beigetragen. Dass die israelitischen Kinder selbstverständlich dazu gehörten, mag auch das Foto vom Nähunterricht der katholischen Ordensschwestern von 1914 mit mehreren jüdischen Mädchen belegen.

Kurt S. Maier hat auf diesem Bild seine Mutter entdeckt[91]. In seinen Erinnerungen ehrt er das Wirken dieser Schwestern mit Worten der Zuneigung und ergänzt: „Keine katholische Frau vergötterte die Schwestern so sehr wie meine Oma. In New York konnte sie nicht über sie sprechen, ohne dass ihr Tränen in die Augen traten.“

Unter einem Aspekt spielten die israelitischen Kinder der Kippenheimer Volksschule eine besondere Rolle: Ihre Eltern legten offenbar großen Wert darauf, sie nach der 4. Klasse auf eine „höhere Schule“ zu schicken.

Beispiel eines selbstverständlichen Miteinander: Jüdische Mädchen in der Nähschule der katholischen Schwestern

Katholische Nähschule 1913/14 mit etwa drei jüdischen Mädchen, darunter Kurt S. Maiers Mutter Charlotte Auerbacher (Kreis).
(Foto Kurt S. Maier)

Die Anmerkungen in Liste A, ergänzt durch Listen des Gymnasiums Ettenheim[92], belegen, dass schon vor der Jahrhundertwende 1899/1900 ein Drittel von ihnen nach Klasse 4 die Schule wechselte, von den christlichen Kindern dagegen nur etwa eines pro Jahrgang. Das Realgymnasium Ettenheim war das Ziel der meisten dieser Übergänger. Schon im Jahre 1872 hatte dessen Direktor Söllner laut Zeitungsbericht[93] gejubelt, „dass unter 155 Schülern 52 Israeliten seien. Sie gingen in die Schule, um so viel als möglich zu lernen und die erworbenen Kenntnisse später in den verschiedenen Lebensrichtungen zu verwerten. Ein besonderes Lob zollte er den jüdischen Schülern, die auf seinen Wunsch hin auch samstags den Unterricht besuchten." Ganz wenige der Kippenheimer Volksschüler wechselten in Höhere Töchterschulen, in Gymnasien nach Lahr oder Offenburg, einzelne wurden für „Privatunterricht" aus der Schule abgemeldet. Die Übergangsquote steigerte sich sogar noch auf 43 % (der absolut schwindenden Zahl) der israelitischen Kinder bis Stefan (Steff) Wertheimer 1936 als letzter nach Ettenheim ging. Allerdings vermerkt die Liste A für ihn bereits im Januar 1937 „nach Haifa".

In einem Punkt handelten jüdische wie christliche Eltern gleich: Der Anteil der Buben war bei den Übergängen deutlich höher als der der Mädchen. Bemerkenswert erscheint außerdem, dass trotz der Entscheidung für den längeren schulischen Weg die Zahl der Abiturienten aus Kippenheim sehr klein blieb. Die Statistik des Gymnasiums Ettenheim[94] belegt für die Jahre 1901 bis 1938 von den rund 70 Übergängern aus Kippenheim nur neun Abiturienten, darunter – von den etwa 30 israelitischen – nur Julius Wertheimer (1920) und Erich Valfer (1938). Der scheinbare Widerspruch zwischen hoher Übergangsquote und niedriger Abiturientenzahl findet seine Lösung wohl darin, dass für die von den meisten jüdischen Jugendlichen angestrebte kaufmännische Ausbildung das mit Klasse 10 erreichte „Einjährige“[95] (heute „Mittlerer Abschluss“/ Realschulabschluss) mit soliden Grundkenntnissen in Deutsch, Fremdsprachen und Mathematik als ausreichend angesehen wurde.

Was erfahren wir von ehemaligen Schülern aus ihrer Schulzeit ab 1933? Böse Erlebnisse stehen neben positiven Berichten in dem wenigen, was überliefert ist. Zum Verhalten der Lehrkräfte an der Volksschule Kippenheim schweigen die mir zugänglichen Quellen. Zu den Beziehungen zwischen christlichen und jüdischen Mitschülern schreibt Martha Nowack in ihrem Aufsatz „Die Kippenheimer Schule während des Nationalsozialismus“[96] lediglich: „In unserer Klasse (Einschulung 1928) waren zwei jüdische Mitschülerinnen, die gut gelitten waren. (...) Hertha Wertheimer gelang die Ausreise mit ihrer Familie nach Amerika, während Gretel Durlacher im KZ umkam.“

Aus seiner Zeit in der Kippenheimer Schule gibt als einziges der israelitischen Kinder Kurt S. Maier Erinnerungen[97] wieder: „Ich kann mich nicht erinnern, in der Volksschule jemals schlecht behandelt worden zu sein.“ In Berichten und Fotos aus andern Schulen kennen wir gegenteilige Erfahrungen. „Ich bin dankbar, dass mir solche Szenen erspart blieben“, schreibt er; aber auch: „Ein Zusammensein mit nichtjüdischen Jungs hat es nicht oft gegeben. Vielleicht existierte damals schon die Kluft zwischen ‚Ariern‘ und Juden. Ich kann mich aber nicht entsinnen, von Schulkameraden gequält worden zu sein. Ich muss gestehen, dass es mich traurig machte, nicht mit anderen Jungen spielen zu dürfen. Ja, wer wollte die Rolle des ängstlichen Juden spielen, die uns der ‚Stürmer‘ und andere Nazizeitschriften andichteten?“ Fast 70 Jahre später habe er erfahren, dass einmal sein Vetter Manfred Auerbacher (1938 als Erstklässler) auf dem Heimweg von der Volksschule von Buben überfallen worden war. Die hätten ihn auf die Straße geworfen und auf ihn uriniert.

Erich Valfer schreibt in seinem Bericht vom 30.3.1987 an das Münchner Institut für Zeitgeschichte[98], wie er seine Zeit im Gymnasium Ettenheim erlebte: „Durch meine guten Beziehungen mit meinen christlichen Klassenkameraden ist es mir gelungen, das Abitur im März 1938 an dem Johann-Fischart-Realgymnasium[99] in Ettenheim/Baden als einziger Jude zu absolvieren. Meine ganze Schulzeit war interessant, sogar schön, und trotz der Naziatmosphäre um uns herum hat man mich respektiert. Meine beste Verteidigung war, dass ich vom bewussten deutschen Juden zu einem bewussten Zionisten umgewandelt worden bin. Ich habe nach dem Krieg Unterlagen bekommen, wie mich meine Klasse in den Jahren 1935–37 verteidigt hat."

Hedy Epstein (Hedwig Wachenheimer) nennt sich in ihrer Autobiografie[100] „eine einsame Rebellin, von frühester Kindheit an", die sich nicht an „irgendwelche guten Freunde oder Freundinnen" in Deutschland erinnert, auch nicht unter ihren Verwandten. Gerne erzählt sie, wie sie als kleines Mädchen einmal in der Synagoge „eine Szene" gemacht habe, als sie mit ihrer Mutter auf die Empore hoch sollte, während der Papa mit den andern Männern unten den Festgottesdienst feierte. Die unterschiedlichen Konfessionen im Dorf waren für sie zunächst wohl auch kein Problem; als Erstklässler wollte sie unbedingt zu den Katholischen gehören. Erste antisemitische Schikanen erlebte Hedy beim Abholen der Post bei „Postmeister Link, der oft eine Naziuniform trug, und dessen Sohn (ihr) Klassenkamerad in der Volksschule war." Auch Kurt S. Maier erinnert sich an schlimme Begegnungen mit diesem Postmeister und seinem Sohn[101].

Im Ettenheimer Gymnasium, wo sie im April 1935 aufgenommen wurde, machte Hedwig Wachenheimer[102] völlig konträre Erfahrungen zu denen von Erich Valfer. Zunächst hatte sie hier mit ihren drei jüdischen Klassenkameraden „keine antisemitischen Übergriffe erlebt". Doch ab 1936 litten die Kinder „unter dem wachsenden Antisemitismus, der inzwischen ganz Deutschland vergiftete." Bald war sie, nachdem einer zunehmenden Zahl von Familien die Flucht aus Deutschland geglückt war, die letzte jüdische Schülerin der Klasse. Hedy wurde von ihren christlichen Klassenkameraden immer häufiger gemieden und sie fühlte sich zunehmend einsamer und ausgestoßen. Besonders niederträchtig wurde sie vom Mathematiklehrer gedemütigt und terrorisiert. Tiefste Verletzungen erfuhr sie an ihrem letzten Schultag in einer deutschen Schule. Es war der 10. November 1938. Auf dem Schulweg, mit dem Fahrrad von Kippenheim nach Ettenheim, hatte sie schon Spuren des Pogroms gesehen. Vom Schulleiter wurde sie vor ihrer Klasse als „Drecksjude" beschimpft. Sie fand sich schließlich allein im Schulhaus wieder, zusammen mit Hans Durlacher aus der Klasse unter ihr, dem zweiten noch am Gymnasium verbliebenen jüdischen Schüler, alle andern waren zu einer Kundgebung zum Ettenheimer Rathaus marschiert. Wie alle jüdischen Kinder in Baden waren die beiden mit diesem Tag aus der Schule ausgeschlossen.

„Das Kippenheimer Lied"

Zu vielen Anlässen, besonders gerne bei Schulfeiern, wurde früher das „Kippenheimer Lied" gesungen und in dessen achter Strophe das friedliche Zusammenleben der Dorfgemeinschaft beschworen: „Im gemütlichen Vereine leben alle, Jud und Christ." In der Kippenheimer Chronik für 1998 steht dazu ein sehr aufschlussreicher Text, die „Bergpredigt von Kippenheim" [103], welche Pfarrer Kaiser (evangelischer Ortspfarrer 1929–35) in seinem „Heimatboten" 1932 veröffentlicht hatte. Vom „Dirnle"[104] aus hält er diese Predigt an seine in der Notzeit ungeduldig werdenden Kippenheimer, erinnert sie an die auf dem Denkmal stehenden Bibelworte für den großen Schneidermeister und Stifter Georg Stulz und nimmt die Sinnbilder der Schneiderzunft „Schere und Faden" als Symbole für seine Mahnung, willig anzunehmen, was Gott be„scheret", d. h. mit der Schere zugeschnitten habe, und den „Faden der Geduld" nicht reißen zu lassen. Wie eine Ahnung der „Tränen" und „Lieder" der folgenden Jahre muten seine an der Schwelle zum „Dritten Reich" niedergeschriebenen Verse an, nur dass dieses Reich und seine Lieder alles andere als „heilig" wurden:

Wir legen auf des Herrn Altar,
In ihm getreu verbunden,
Das angetretne neue Jahr
Und alle seine Stunden.

Die Tränen alle, die es bringt,
Die Lieder alle, die es singt.

Dem Herrn sei alles heilig.

Die Nöte der ungeduldig werdenden Kippenheimer spiegeln sich in den Protokollen des Gemeinderats der Jahre 1930 bis 1935[105]. Von den fast

660 Tagesordnungspunkten der Beratungen von März 1930 bis April 1933 befassen sich etwa 250 (38 %) mit finanziellen, sozialen, notbedingten Anträgen der Bürger, darunter 65 Bitten um Nachlässe bzw. Stundungen von Steuern und Abgaben. Nur 22 Punkte betreffen die Schule. Viele der Anträge um *Krisenfürsorge* werden abgelehnt. Für die am härtesten von der Not betroffenen werden aber auf Kosten der Gemeindekasse gewährt: *Unterstützung für minderjährige Kinder, Heilverfahren, Arbeitslosenhilfe, ein Paar Sonntagsschuhe, Veteranenbeihilfe, Lehrgeld für Friseurlehrling, Fleischkarten für Ortsarme, Beihilfe für uneheliches Kind, für Drillinge der Familie Klasterer, Weihnachtsgeschenke für Bedürftige* und sogar noch im Januar 1935 *als Naturalvergütung täglich ½ l Milch, ½ Brot, 1 Ster Holz* oder *wöchentlich 2 l Milch und 2 Laib Brot, Mietzuschuss.* Der Gemeinderat beschließt aber auch ein *Wirtschaftsverbot* für einen ortsbekannten Trinker und streicht seine bisherige Unterstützung, oder er verfügt für Behinderte die *Einweisung in eine Erziehungsanstalt* oder *nach Herten*[106].

Zum „Kippenheimerlied" schreibt Pfarrer Kaiser in seinem „Heimatboten" von 1932[107] weiter:

Herr Oberlehrer i. R. Zimmern in Mannheim-Seckenheim, an den ich mich wegen der Herkunft des Liedes gewandt habe, schreibt mir: Es freut mich, daß Sie das früher so beliebte Kippenheimerlied, das nicht nur von den Schülern, sondern auch von den Erwachsenen bei den verschiedensten Anlässen gern gesungen wurde, der Vergessenheit entreißen und zu neuem Leben erwecken wollen. Ich kann nicht begreifen, daß dies Volkslied nicht mehr eingeübt wird. Der damalige 1. Hauptlehrer Helfesrieder hatte seine einzige Tochter in der Klosterschule in Villingen. Diese Tochter brachte die Melodie nach Kippenheim. Der damalige kath. Pfarrer Kurz verfaßte den Text, und der genannte Hauptlehrer übte das Lied mit seiner Oberklasse. Nach seiner Zurruhesetzung übte ich (Lehrer Zimmern) *das Lied jedes Jahr mit meiner Klasse ein. Ich kam am 25. April 1882 an die dortige Volksschule. Ich fühle mich noch immer als Glied der dortigen Gemeinde, in der ich fast vier Jahrzehnte gewirkt habe.*

Das Kippenheimer Lied ist ein Dokument des Willens aller an dessen Zustandekommen, Pflege und Bewahrung beteiligten Erzieher, ihrer Verantwortung für Frieden und Toleranz gerecht zu werden, noch im Jahre 1932, am Vorabend der Zerstörung all dieser Werte: Sein Text ist in den Anfangsjahren der Simultanschule (ca. 1880) vom katholischen Pfarrer

Kurz verfasst und vom katholischen Lehrer Helfesrieder und seiner Tochter mit der Melodie ausgestattet. Mit Begeisterung pflegte vor allem der israelitische Lehrer Zimmern das Lied. Über die Schule wurde es ins Dorf getragen, und schließlich vom evangelischen Pfarrer Kaiser mit Zimmerns Hilfe vor dem Vergessen bewahrt.

Fast weitere 70 Jahre später[108] rezitierte Inge Auerbacher daraus vor Kippenheimer Schulkindern: „Bis zum Tode will ich bleiben, treu ein Kippenheimer Kind." Aus ihren Kindertagen hatte sie diese Zeilen bewahrt durch ihre Leidenszeit im Konzentrationslager Theresienstadt hindurch und mit ihren Eltern in der neuen Heimat New York wach gehalten. Und es bewegt zutiefst, wenn wir erleben, wie in dem Film „Die Fantome von Kippenheim" vom Jahre 2003[109] die Gäste diese Strophe des Kippenheimer Liedes singen[110]. Die Protagonisten des Films waren allesamt Opfer des Naziterrors, durch erzwungene Auswanderung und Flucht, durch Deportation und Konzentrationslager, sowie durch den Verlust ihrer Angehörigen.

Um die ganze Tragik der Diskrepanz zwischen Wunsch und Wirklichkeit zu ermessen, müssen an dieser Stelle zumindest die wichtigsten der insgesamt neun Strophen des Liedes stehen:

Sei gegrüßt du liebe Stelle, wo mir einst die Wiege stand,
wo der Freuden reichste Quelle schon von Jugend auf ich fand.
Kippenheim, dich nennen hören ist mir süße Melodie,
wer dich kennt, ich will's beschwören, der vergisst dich ewig nie.

Seht das Schulhaus an, das neue, der Gemeinde Zier und Ehr.
Durch der Lehrer Kraft und Treue blüht die Schule immer mehr.
Geist der Liebe, Zucht und Sitte, Geist der Weisheit ziehe ein!
Gott erhöre unsre Bitte: Laß das Haus gesegnet sein!

Friede herrscht in der Gemeinde, wenn das Schimpfen fertig ist,
im gemütlichen Vereine leben alle, Jud und Christ.
Jeder schafft nach Wohlgefallen, oder pflegt der Ruhe süß,
darum soll dein Lob erschallen: Kippenheim, du Paradies.

Bis zum Tode will ich bleiben treu ein Kippenheimer Kind,
sehen andre wie sie's treiben, ich nur hier den Himmel find.
Kippenheim, dich nennen hören, ist mir süße Melodie.
Wer dich kennt, ich will's beschwören, der vergißt dich ewig nie.

Aufgestellt: Kippenheim den 24. April 1890 H. Zimmern, Lehrer

Stundenplan. № 651

Genehmigt: Lahr, den 6. Mai 1890 Großh. Kreisschulrat

Beginn der Unterrichtszeit	Montag	Dienstag	Mittwoch	Donnerstag	Freitag	Samstag
Vormittag:	VI te Klasse.					
I. Stunde von 7 - 8 Uhr	Lesen Gedicht	Rechnen	Sprachlehre	Lesen	Rechnen	Lesen V
II. Stunde von 8 - 9 Uhr	Aufsatz	Geographie Geschichte	Religion VI	Rechnen	Orthographie Gesang	Religion V
III. Stunde von 9 - 10 Uhr	Rechnen	Schönschreiben Gesang	Religion VI	Geographie Geschichte	Bibellesen	Religion V
IV. Stunde von 10 - 11 Uhr	Turnen V.VI		Religion V	Turnen V.VI		Religion VI
Nachmittag:	V te Klasse.					
I. Stunde von ½1 - ½2 Uhr	Rechnen	Lesen		Aufsatz	Naturgeschichte	
II. Stunde von ½2 - ½3 Uhr	Geographie	Rechnen		Rechnen	Rechnen	
III. Stunde von ½3 - ½4 Uhr	Schönschreiben Gesang	Orthographie Gedicht		Schönschreiben Gesang	Sprachlehre	

Verteilung der Unterrichtszeit

	VI te Klasse	V te Klasse
Religion	3 Stunden	3 Stunden
Sprachfach	6	6
Rechnen	4	4
Gesang	1	1
Realien	2	2
Turnen	2	2
Zeichnen	–	–
Summe	18 Stunden	18 Stunden

VI. Klasse 18 Std. V. 18. Summe VI, V 36 Std.

Beispiel eines für die Volksschulen üblichen Stundenplans. Stundenplan des Lehrers Hermann Zimmern, den er am 24. April 1890 beim Kreisschulamt einreichte. Gezählt sind die Stunden der Klassen (volle Zeitstunden!), wobei das „Turnen", sofern die Mädchen teilnahmen, mit etwa 50 Kindern stattfand. Bemerkenswert ist auch, dass Deutsch vom Lesen bis zum Schönschreiben aufgegliedert war[113], und dass zu den drei Stunden Religion noch das Bibellesen hinzukam (Es fällt auf, dass der Stundenplan in lateinischer Schrift, nicht in deutscher Kurrentschrift ausgefüllt ist; die meisten Schreiber beherrschten damals beide Schriften.)

Die hier im Stil des 19. Jahrhunderts gefühlvoll besungene Gemeinschaft und deren Bruch während der Naziherrschaft beschreibt Erich Valfer in seinem Rückblick vom Jahre 1987 nüchterner[111]: „Die Beziehungen zu den christlichen Nachbarn waren ausgesprochen gut und wir sind als Deutsche jüdischen Glaubens aufgewachsen. Der Zusammenbruch, Auswanderung, Vertreibung und Vernichtung haben einen Riss und auch Bruch in den Beziehungen der Überlebenden gebracht."

Hermann Zimmern, Volksschullehrer israelitischer Konfession, war 1882 von Breisach nach Kippenheim versetzt worden. Er unterrichtete hier bis 1922, länger als jeder seiner Kollegen, zuletzt als Oberlehrer und Leiter der Schule. Im „Protokollbuch der örtlichen Schulaufsichtsbehörde der Gemeinde Kippenheim", begonnen am 14. September 1893, ist er am häufigsten genannt und mit seiner Unterschrift vertreten. Mit Sicherheit hat er auch, zehn Jahre bevor sich die jüdische Gemeinde zum 80. Geburtstag des Großherzogs in besonderer Weise hervortat, an dessen 70. Geburtsfest mitgewirkt. Denn in den Schulprotokollen lesen wir (22.6.1896): *Das Geburtsfest S.K.H.*[112] *des Großherzogs soll in feierlicher Weise begangen werden. Den Lehrern wird der Auftrag erteilt, ein Programm zu entwerfen.*

Die „Ortsschulbehörde“, auch „Ortsschulrat“ genannt, für dessen Sitzungen dieses Protokollbuch angelegt wurde, tagte unter Vorsitz des Bürgermeisters. Mitglieder waren Vertreter des Gemeinderats, die beiden Pfarrer, vom Kollegium nahm oft nur der Oberlehrer teil, die Lehrkräfte waren nicht stimmberechtigt. Bisweilen wurden externe Fachleute hinzugezogen; z. B. die Ärzte Dr. Stern und Dr. Weber bei Gesundheitsmaßnahmen oder, wie im Mai 1924, die Bürgermeister der Nachbargemeinden sowie *die Frauen* (Fortbildungslehrerinnen?) *Marie Kasper und Elisabeth Fuchs* wegen Angelegenheiten der *Fortbildungsschule.* Manche Entscheidungen wurden im „Einvernehmen“ zwischen dem Bürgermeister und dem Oberlehrer getroffen. Auch Josef Wertheimer[114] (1898–1902), Samuel Wertheimer[115] (1911–1922) und Max Auerbacher[116] (1923–1930) gehörten laut Protokollbuch als Gemeinderäte dieser Ortsschulbehörde an.

Häufigster Tagesordnungspunkt der Sitzungen des Gremiums war die Festlegung der Ferien. Oft wurden *in Anbetracht dringender landwirtschaftlicher Arbeiten*[117] Heu-, Ernte-, Öhmd-, Kartoffel- und Herbstferien spontan, von einem Tag auf den andern angeordnet[118]. Beraten und im Protokollbuch festgehalten wurde alles: Die Reparatur einer Glasscheibe und die Anschaffung eines Lichtbildapparates[119], die Bewerbungen um eine Lehrerstelle[120], die Badetage der Klassen in dem in der Schule eingerichteten *Volksbad*[121], die Überstunden der Lehrer, die *sittlichen Ausschreitungen der Volksschuljugend* mit entsprechenden *Maßnahmen*[122], die Versetzungen zum Schuljahresende, bzw. die „Sitzenbleiber“ und die Schulprüfungen mit Benotung der Lehrer.

Besonders hart ging die Prüfungskommission am 29.1.1900 mit den Lehrern ins Gericht. Auf neun Seiten des Prüfungsberichts werden die Benotungen für die Lehrer an den Leistungen der Klassen gemessen, *hinlänglich* und *ungenügend* waren sie; die Kinder seien *an das Sprechen in ganzen Sätzen* oder *an ein gutes Lesen durchaus nicht gewöhnt.* Am besten schnitt Hauptlehrer Hermann Zimmern ab. Zwei Jahre später wurde dann festgestellt, *daß sich die Schule im Vergleich zu ihrem früheren Stand nunmehr in einem wohlbefriedigenden Stande befindet.*

Für uns heute ist kaum mehr vorstellbar, unter welchen Bedingungen vor hundert Jahren Lehrer wie Schüler arbeiten mussten. Sogar *Kriegs-*

ferien wurden während des Ersten Weltkriegs angeordnet. Die Erziehung zu *vaterländischer Gesinnung* und der Einsatz der Schulkinder in der Landwirtschaft hatten dem *siegreichen Abschluß* des Krieges zu dienen. Aus dem Protokollbuch:

Es wurde in Erwägung gezogen, daß der deutschen Landwirtschaft zur Herbeiführung eines ehren- und siegreichen Abschlusses des gewaltigen Weltkrieges in echt vaterländischer Gesinnung eine höchst bedeutungsvolle Aufgabe zufalle; daß infolge zahlreicher Einberufungen zum Waffendienste die Not dazu zwinge, auch Schüler zur Besorgung der Feldgeschäfte hinzuzuziehen. Da aber mit 20 Tagen Kriegsferien der Notstand des Feldanbaues nicht behoben ist, wird an Großherzogliches Kreisschulamt die ergebenste Bitte gerichtet, wohldasselbe wolle weitere außerordentliche Ferien genehmigen (16.8.1917). Und: *Es sei nicht zu verkennen, daß die Leitung einer 69* (!) *Schüler zählenden 7. Klasse sehr große Anforderungen an die Kraft des Klassenlehrers stellt. Da für die nun 333 Schüler zählende Volksschule eine fünfte* (!) *Lehrkraft nicht zu gewinnen sei, würde durch die Trennung in zwei Klassen einesteils das Gemeindebudget schwer belastet, andernteils müßte dem Hauptlehrer Detterer zur getrennten 7. Klasse noch eine Mittelklasse zugeteilt werden; sein Deputat würde auf 37 ½ Stunden steigen, die Stunden der Oberklasse* (dennoch) *auf 20 beschränkt.* (Deshalb) *solle das Kreisschulamt gütigst genehmigen, die Arbeitsverteilung der Lehrer aufrecht zu erhalten* (12.4.1918).

Frauen sind schon erstaunlich früh im Lehrerberuf genannt, z. B. 1867 *Elisabeth und Magdalena Klasterer als Industrielehrerinnen* für die Fortbildungsschule[123]. Später waren es die Handarbeitslehrerinnen für die Mädchen der Volksschule. Im August 1926 aber heißt es bei den 12 Bewerbungen für den ausscheidenden Hauptlehrer Zipf: *Die Besetzung durch eine Lehrerin lehnen wir ab, da der neue Lehrer den ev. Organistendienst übernehmen soll.* Ein anderer Bewerber wird abgelehnt, *da er nach unseren Informationen sehr stark dem Trunke ergeben war, eine Versetzung in die Weingegend könnte das alte Übel wieder wachrufen.* Als sich schließlich im September dieses Jahres 21 Lehrer und Lehrerinnen um die ausgeschriebene Hauptlehrerstelle bewerben[124], *beharrt die Ortsschulbehörde auf ihrem Beschluß und bittet, der Schulverwalterin Ida Trabold*[125] *die Stelle gütigst übertragen zu wollen.*

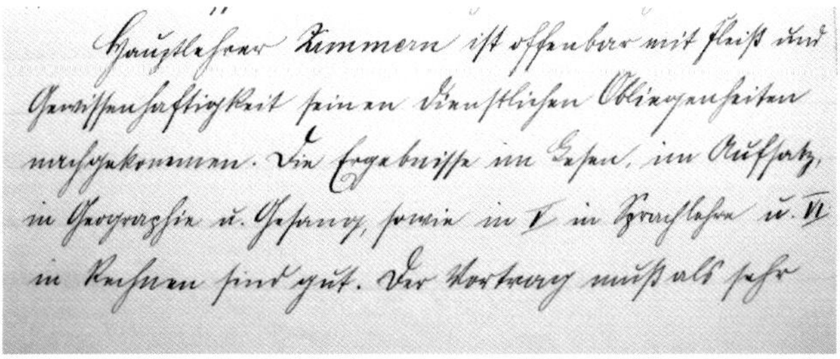
Hauptlehrer Zimmern ist offenbar mit Fleiß und Gewissenhaftigkeit seinen dienstlichen Obliegenheiten nachgekommen. Die Ergebnisse im Lesen, im Aufsatz, in Geographie u. Gesang, sowie in V in Sprachlehre u. VI in Rechnen sind gut. Der Vortrag muß als sehr

Lehrerbeurteilung durch die Großherzogliche Kreisschulvisitatur im November 1902

Hauptlehrer Zimmern ist offenbar mit Fleiß und Gewissenhaftigkeit seinen dienstlichen Obliegenheiten nachgekommen. Die Ergebnisse im Lesen, im Aufsatz, in Geographie u. Gesang, sowie in (Klasse) *V. in Sprachlehre u.* (Klasse) *VI. in Rechnen sind gut. Der Vortrag muß als sehr gut bezeichnet werden.*
(Aus einer Beurteilung für den Lehrer Hermann Zimmern)

Seit dem Ende des Ersten Weltkriegs leitete der israelitische Lehrer Hermann Zimmern die Schule. Um hohe menschliche Werte mühte er sich als Pädagoge: *Dankbarkeit, Ehrfurcht, sittliches Verhalten, Gottes-, Menschen- und Vaterlandsliebe* legte er im März 1920 seinen Achtklässlern zu ihrer Entlassung ans Herz.

Gewissermaßen als sein pädagogisches Vermächtnis gibt Hermann Zimmern ein Jahr später den letzten Entlassschülern seiner Amtszeit mit auf ihren Lebensweg:

Die Pflichten, die sie Gott, sich selbst, dem Nebenmenschen und dem Vaterlande schuldeten, der Gemeinde zur Ehr' und dem Vaterlande zum Heil.

Das in der Festschrift „100 Jahre Altes Schulhaus Kippenheim" abgebildete Zeugnis dieses Jahres[126] trägt seine Unterschrift als „erster Lehrer". Als letzte Amtshandlung vor seiner Pensionierung im Januar 1922 protokollierte er die Sitzung, in der sein Nachfolger vorgeschlagen werden sollte – man überließ dem Kreisschulamt die Entscheidung.

Das Gesuch der israelitischen Gemeinde, für Zimmern einen Lehrer ihrer Konfession einzustellen, wurde vom Ortsschulrat einstimmig abgelehnt, da die Schülerzahl nur 10 Kinder betrage und *der Religionsunterricht von Obl. a. D. Zimmern oder dem Vorsänger Schwab*[127] erteilt werden könne.

Hermann Zimmern zog nach dem Tod seiner Frau 1927 nach Mannheim-Seckenheim[128]. 45 Jahre lang hatte er in Kippenheim gelebt, davon 40 Jahre als vorbildliche Lehrerpersönlichkeit gewirkt, länger als jeder

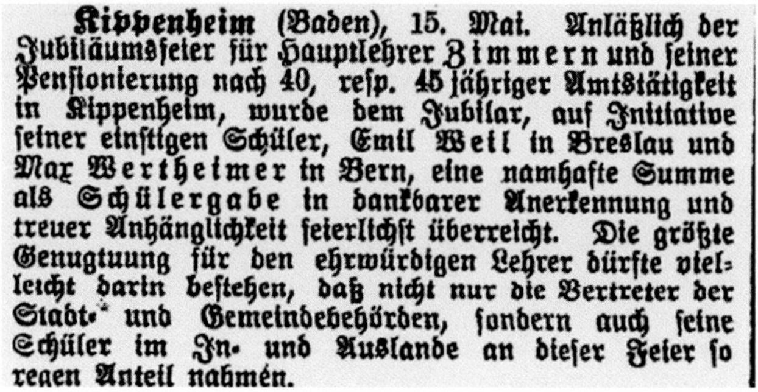
Kippenheim (Baden), 15. Mai. Anläßlich der Jubiläumsfeier für Hauptlehrer Zimmern und seiner Pensionierung nach 40, resp. 45jähriger Amtstätigkeit in Kippenheim, wurde dem Jubilar, auf Initiative seiner einstigen Schüler, Emil Weil in Breslau und Max Wertheimer in Bern, eine namhafte Summe als Schülergabe in dankbarer Anerkennung und treuer Anhänglichkeit feierlichst überreicht. Die größte Genugtuung für den ehrwürdigen Lehrer dürfte vielleicht darin bestehen, daß nicht nur die Vertreter der Stadt- und Gemeindebehörden, sondern auch seine Schüler im In- und Auslande an dieser Feier so regen Anteil nahmen.

Ehrende Anzeige für Hermann Zimmern in Der Israelit 1922

Die einstigen Schüler Emil Weil (Breslau) und Max Wertheimer (Bern) ehren ihren Lehrer Hermann Zimmern anlässlich seiner Pensionierung 1922. Foto: Alemannia Judaica

andere Kollege dieser Schule. *Streng auf dem Boden der Verfassung stehend, in hingebender Freude und Pflichterfüllung hat er die Idee der Republik vorgelebt.*[129]

In seinen letzten Lebensjahren musste der von so hohem pädagogischem Ethos beseelte Lehrer noch erleben, wie mit der Machtübernahme der Nationalsozialisten alle seine Werte und beruflichen Ideale geschändet wurden, auch der im *Kippenheimer Lied* besungene *Frieden in der Gemeinde.* Hermann Zimmern starb im Januar 1937. In dieser Zeit gehörte schon viel Mut dazu, sich zu jüdischen Mitbürgern zu bekennen. Dennoch ehrten und würdigten auch viele Christen ihren Lehrer beim letzten Geleit[130] zur Beisetzung an der Seite seiner Frau auf dem Schmieheimer Friedhof[131]. Die Demütigungen des Novembers 1938 und das tödliche Schicksal der Familien seiner Töchter[132] blieben ihm erspart.

In den Protokollen der auf Zimmerns Pensionierung folgenden Jahre werden hauptsächlich Probleme der Fortbildungsschule und der Besetzung der Lehrerstellen nach Konfessionen behandelt. Nach der Übernahme der Oberlehrerstelle durch Eduard Schäfer (er notiert diese selbst am 26.4.1927) sind die Protokolle immer knapper; letztlich nur noch Stichworte[133]. Am 16.6.1930 finden wir in diesem Buch die letzten Unterschriften von Gemeinderäten, darunter die von Max Auerbacher. Im Januar 1931 – in der letzten datierten Sitzung – ist die *Einführung der Sütterlinschrift*[134] protokolliert. Für 1931/32 folgen nur noch Ferientermine.

Nach den Eintragungen von 1932, also ab dem Beginn der Nazi-Herrschaft am 30. Januar 1933, wird dann plötzlich das seit 1893 geführte

Protokollbuch der örtlichen Schulaufsichtsbehörde der Gemeinde Kippenheim im wahrsten Sinne des Wortes „abgeschnitten". Denn die Seiten der folgenden Jahre (etwa 20 Blätter) sind sehr grob herausgetrennt. Sicher wurden sie nach Ende des „Dritten Reiches" vernichtet[135].

„Im Geiste der nationalen Erhebung"

Bevor wir uns den beschämendsten Vorgängen in Kippenheims Geschichte mit der Auslöschung der jüdischen Gemeinde zuwenden, ist es hilfreich, anhand der Protokollbücher des Gemeinderats[136] der Jahre 1930 bis 1945 die kommunalpolitischen Strukturen und personellen Konstellationen darzustellen, auf deren Hintergrund dies geschehen konnte. Im Unterschied zum Schriftverkehr der Gemeindeverwaltung[137] geben uns die Sitzungsprotokolle des Gemeinderats vor allem die Namen der Akteure preis; auch wie kaltblütig diese im Rat und in der Verwaltung „aufräumten", wenn es galt, die Parteilinie oder die eigene Macht durchzusetzen. Von den feindseligen und menschenverachtenden Maßnahmen, die unter anderem auch vom Rathaus aus gesteuert wurden, ist in den Ratsprotokollen allerdings relativ wenig zu finden.

Bis Anfang 1933 stehen darin mit den Anliegen der Bürger ganz selbstverständlich auch die Namen der jüdischen Kippenheimer, z. B. für *Siegfried und Berthold Auerbacher die Aufnahme in den Bürgergenuss* (17.1.1933), oder *der Antrag auf Ermäßigung der Gebäudesondersteuer* von *Fritz Weil* (8.2.1933); und – noch am 6.3.1933 – ein letzter Auftrag an *Salomon Auerbacher* zur Lieferung von *Lernmitteln für die Schule.* Noch im Februar 1932 waren *Oskar Wachenheimer und Siegfried Auerbacher in die Kommission zur Wahl des Reichspräsidenten berufen* worden. Bis einschließlich 7. April 1933 nahm auch *Gemeinderat Max Auerbacher* als gewähltes Mitglied an den Sitzungen teil. In den Jahren 1930–32 behandelte der Gemeinderat etwa ein Dutzend Male Schul-, Erziehungs- und Jugendfragen, z. B.: *Die Vergabe von Lernmitteln* an Kippenheimer Geschäfte, oder dass *Sattlermeister Christian Stulz für weitere vier Jahre zum Ortsjugendhelfer ernannt* wurde. *An der Turnfeier der Volksschule* war *jedem Schüler eine Wurst und ein Weck*[138] *zu verabfolgen; die Lieferung der Würste* wurde *den Metzgern Hermann und Samuel Wertheimer übertragen.*

Für die 12 Jahre von 1933 bis 1945 steht dagegen als einziger Beschluss zur Ausstattung der Schule im Protokoll vom 11.8.1933: *Die Anschaffung der für die Volksschule vorgeschriebenen Fahne*[139]*, sowie die Ausführung der nötigen Stickereiarbeiten durch die Schwester der hiesigen Industrieschule*[140]. Ansonsten nur noch: *Lernmittelfreiheit aufgehoben* (Juni 1934); *Handarbeitsunterricht ganzjährig* (März 1936); und letztmals *Weck und Wurst für die Schüler* (Weihnachten 1936).

Ab März 1933 mehrten sich die „Zeichen der neuen Zeit". Bei der Wahl zum Reichstag am 5.3.1933 waren zwar noch mehrere Parteien zugelassen. Mit Hilfe von „Notverordnungen" hatten die neuen Berliner Machthaber jedoch im Wahlkampf die konkurrierenden Parteien mit zahlreichen Repressionen behindert. SA, SS und Stahlhelm[141], die paramilitärischen Verbände der NSDAP, waren zu Hilfspolizisten gemacht, führende Personen von KPD und SPD „in Schutzhaft" genommen worden. Doch trotz dieser ersten illegalen Maßnahmen und trotz ihres übermächtigen Propagandaapparates verfehlte die NSDAP die absolute Mehrheit im Reichstag.

Vier Tage nach dieser Wahl, am 9.3.1933, muss sich im Gemeinderat ein politischer Machtkampf abgespielt haben. Protokollführer Bohnert hält dies unter TOP 632 im Gemeinderatsprotokoll vom 9. März 1933 fest.

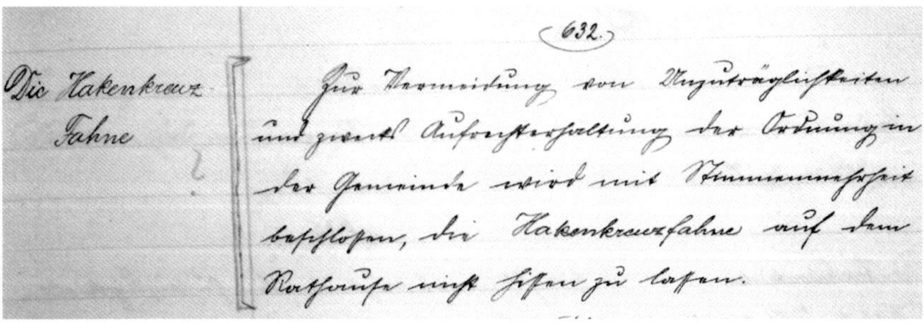
632.
Die Hakenkreuz Fahne
Zur Vermeidung von Unzuträglichkeiten
und zwecks Aufrechterhaltung der Ordnung in
der Gemeinde wird mit Stimmenmehrheit
beschlossen, die Hakenkreuzfahne auf dem
Rathause nicht hissen zu lassen.

Die Hakenkreuz Fahne *Zur Vermeidung von Unzuträglichkeiten und zwecks Aufrechterhaltung der Ordnung in der Gemeinde wird mit Stimmenmehrheit beschlossen, die Hakenkreuzfahne auf dem Rathause nicht hissen zu lassen.*

Die ablehnenden Stimmen kamen neben der des Bürgermeisters vermutlich von Wilhelm Fuchs, Xaver Jörger, Anton Kalt und Chr. Stulz (Max Auerbacher nahm an dieser Sitzung nicht teil), denn sie alle gehörten dem im Mai 1933 neu gewählten Gemeinderat nicht mehr an (Markierung und Fragezeichen sind von späterer Hand).

Trotz dieser Mehrheit gegen *die Hakenkreuzfahne* drängen von jetzt an die Nationalsozialisten Zug um Zug die der rechtsstaatlichen Ordnung verpflichteten Gemeinderäte um Bürgermeister Josef Schell aus dem Rathaus. Laut Protokoll vom 20.3. ist *Wilhelm Fuchs* (1. Ratschreiber und Gemeinderat) als erster Kippenheimer bereits *in Schutzhaft genommen,* d.h. er ist im Gefängnis. Seine *Beurlaubung* wird mehrfach verlängert, bald werden *seine Bezüge während der Dauer seiner Zwangsbeurlaubung halbiert,* die Wohnung wird ihm gekündigt, im September wird er ganz entlassen. Gründe dafür sind nicht genannt.

Der zur *Durchführung des Gleichschaltungsgesetzes*[142] im Mai 1933 neu gewählte Gemeinderat bestand statt der bisher acht nur noch aus vier Mitgliedern. Es waren Josef Holderer, August Nowack, Fritz Spielmann und Karl Weinacker. Die Protokolle sind von jetzt an keine zuverlässige Quelle des kommunalpolitischen Geschehens mehr. Die Mahnung des

TOP 669 vom 15. Mai 1933

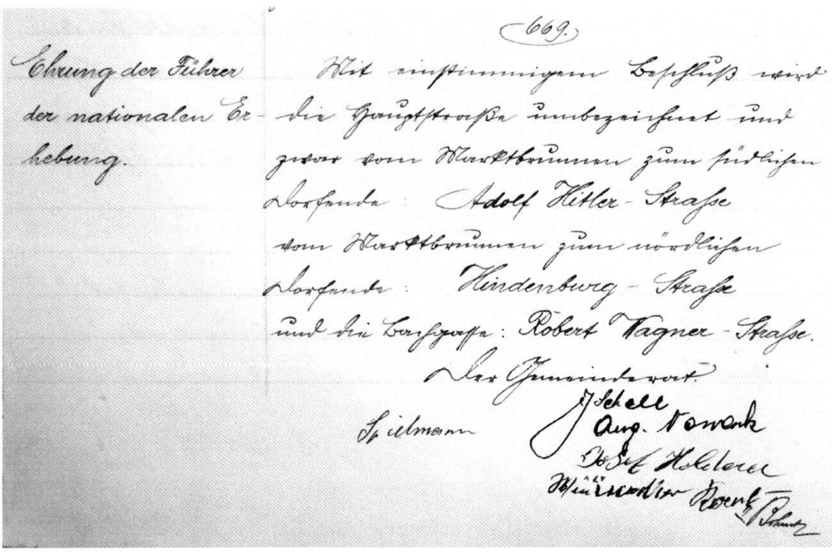
669.

Ehrung der Führer der nationalen Erhebung.

Mit einstimmigem Beschluß wird die Hauptstraße umbezeichnet und zwar vom Marktbrunnen zum südlichen Dorfende: Adolf Hitler-Straße vom Marktbrunnen zum nördlichen Dorfende: Hindenburg-Straße und die Bachgasse: Robert Wagner-Straße.

Der Gemeinderat.

Spielmann J. Schell Aug. Nowack Josef Holderer [illegible]

Ehrung der Führer der nationalen Erhebung

Mit einstimmigem Beschluß wird die Hauptstraße umbe zeichnet und zwar vom Marktbrunnen zum südlichen Dorfende in Adolf-Hitler-Straße, vom Marktbrunnen zum nördlichen Dorfende in Hindenburg-Straße und die Bachgasse in Robert-Wagner-Straße. Der Gemeinderat. Unterschriften.

Bürgermeisters in der Eröffnungssitzung am 15. Mai, *das keineswegs leichte Amt frei von aller Parteipolitik zum Wohle der Gemeinde pflichtgetreu und im Geiste der nationalen Erhebung zu versehen und sich dabei stets der großen Verantwortung und der Erhaltung des Friedens bewusst zu sein,* blieb ohne Wirkung. Denn noch mit dieser Sitzung wurden für Kippenheim die ersten Straßennamen geändert. Die *Ausschließung der Juden aus sämtlichen Gemeindelieferungen* – am 19.6.33, mit dem eigenartigen Stimmenverhältnis von zwei Ja zu drei Enthaltungen – bedeutete auch in Kippenheim den Beginn ihrer Verdrängung aus Wirtschaft und Gewerbe. Jüdische Geschäftsleute erhielten von der Gemeinde nun keine Aufträge mehr (siehe Abb. unten).

Dem Bemühen des Bürgermeisters, weiterhin nach rechtsstaatlichen Normen zu handeln, begegnete Gemeinderat Spielmann mit *Weisungen der Kreisleitung* (der NSDAP) oder mit *von der hiesigen Ortsgruppe eingebrachten* Anträgen[143]. Die Jugendorganisationen *BDM, DJ und HJ*[144] tauchen jetzt in den Protokollen auf. Sie dürfen, zusammen mit dem noch bestehenden Fußballverein, Räume in den Schulhäusern nutzen.

Nachdem Spielmann auch Stellvertreter des Bürgermeisters geworden ist, scheiden im Juli Holderer und Nowack[145] aus dem Rat. Ende September 1933 gibt Bürgermeister Schell im *Vollzug des Gesetzes zur Wiederherstellung des Berufsbeamtentums seine Stelle auf*; das bedeutet, dass nun auch der Bürgermeister als letzter demokratisch Gewählter aus dem Amt gedrängt ist. Ab Oktober 1933 steht Kippenheim unter der Leitung von Spielmann als

TOP 712 vom 19. Juni 1933

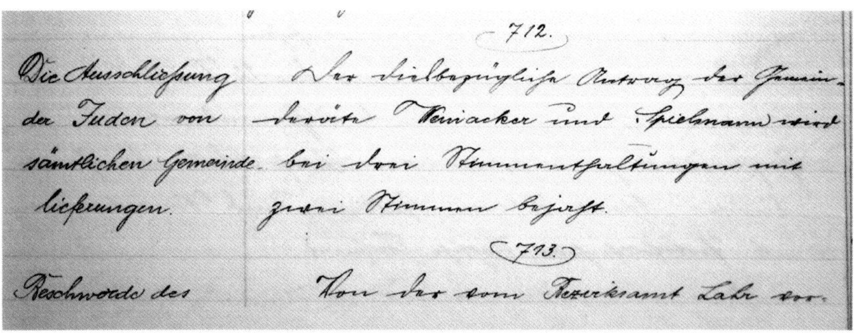
712.

Die Ausschließung der Juden von sämtlichen Gemeinde lieferungen.

713.

Die Ausschließung der Juden von sämtlichen Gemeindelieferungen

Der diesbezügliche Antrag der Gemeinderäte Weinacker und Spielmann wird bei drei Stimmenthaltungen mit zwei Stimmen bejaht.

80 Jahre nach der Olympiade von 1936 in Deutschland schrieb die Frankfurter Allgemeine Zeitung am 26.7.2016

Die Olympischen Spiele waren den Nationalsozialisten in den Schoß gefallen. Manche NSDAP-Mitglieder lehnten es (zwar) ab, gemeinsam mit „Negern und Juden" Wettkämpfe zu veranstalten. Doch Hitler erkannte die große Chance, das Image des „Dritten Reiches" nach innen und außen aufzupolieren."
Das IOC hatte die Spiele 1936 schon im Mai 1931 (also zwei Jahre vor der „Machtergreifung") an Berlin vergeben. Während der Olympischen Spiele (...) verschwanden in Deutschland die Schilder „Für Juden verboten", der Verkauf des antisemitischen Hetzblatts „Der Stürmer" wurde vorübergehend eingestellt. Viktor Klemperer notierte in seinen Tagebüchern: „Im Augenblick, da hier das Olympiaspiel stattfindet, wird alles totgeschwiegen. Hinterher wird man sich an die Geiseln, an die deutschen Juden halten." (Am 7. März 1936 besetzte Hitler-Deutschland die entmilitarisierte Zone des Rheinlandes. Der Völkerbund verurteilte dies zwar am 29. März, zog aber daraus keine Konsequenzen.)
Die Olympischen Spiele 1936 waren ein Fest der Propaganda – mit dreifachem Gewinn für das „Dritte Reich": viele Medaillen, eine halbe Milliarde Reichsmark Einnahmen und die Täuschung der Welt durch das Bild eines „friedliebenden Führers", das bis 1939 nachwirkte.
(Kürzungen und Einfügungen Karl Kopp)

Bürgermeisterstellvertreter, den Gemeinderäten Franz Jörger und Karl Weinacker, sowie dem *Postmeister Camill Link*, unrühmlich bekannt aus den Lebenserinnerungen Hedy Epsteins und Kurt S. Maiers[146]. Unterzeichnet werden die Protokolle nur noch von Spielmann und Link. Ab April 1934 nimmt der *Ortsgruppenleiter* (der NSDAP) *Adolf Baum* an den Sitzungen teil. „Machtübernahme" und „Gleichschaltung" waren in Kippenheim somit wesentlich früher vollzogen als bisher angenommen.

Der Bruch mit allem Bisherigen zeigt sich auch in der neuen Form der Protokollführung und in den Themen[147]: *Schulungsabende der N.S.D.A.P. im Rathaussaal* werden beschlossen. Ein *Schreiben der Ortsgruppe, betr. Juden in der Feuerwehr,* bewirkt, dass diese *im Zuge der Gleichschaltung ausgeschlossen sind.* Und: *Gemäß einem Schreiben der Kreisleitung Lahr* wird der 1. Mai 1934 als *Feier der nationalen Arbeit begangen. Ortsgruppenführer Adolf Baum* wird *zum Gemeinderat ernannt.* Fritz Spielmann ist jetzt Bürgermeister, Camill Link sein Stellvertreter. Der Geschäftsmann *Dorner*[148] *wird von der Krankenhauslieferung ausgeschlossen, weil er immer noch mit Juden pak-*

Die nationalsozialistische Propaganda für die olympischen Spiele 1936 beschäftigt bereits am 14.11.1934 auch den Gemeinderat Kippenheim

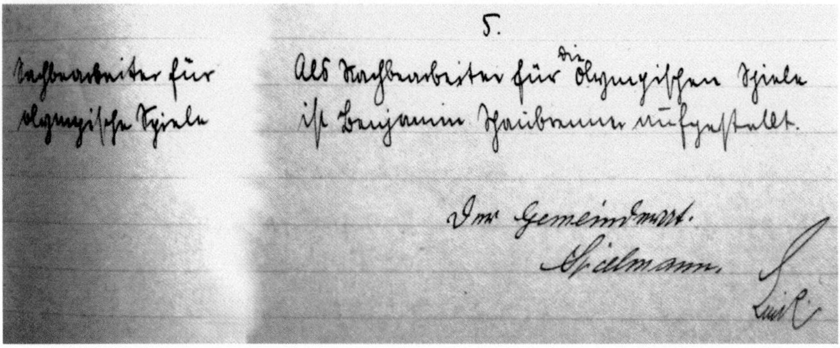

Sachbearbeiter für olympische Spiele:

Als Sachbearbeiter für die olympischen Spiele ist Benjamin Schaubrenner aufgestellt.
Der Gemeinderat Spielmann Link

tiert. Ein *Zuschuss zur SS-Uniform nach dem Maß der andern Gemeinden wird bewilligt.* Und: *Als Sachbearbeiter für die olympischen Spiele* (1936!) *wird* (Protokollführer) *Benjamin Schaubrenner aufgestellt.* Auch *Jungvolktrommeln* genehmigt der Gemeinderat.

Gemäß der neuen „Deutschen Gemeindeordnung“ vom Januar 1935 wurden im Oktober die Parteigenossen Link und Baum zu Beigeordneten, Karl August Richter, Josef Störk, Alfred Stulz und Wilhelm Weinacker zu Gemeinderäten. Außer Spielmann gehörte somit keiner der erst im Mai 1933 Gewählten mehr dem Rat an. Nach den „Säuberungen“ der ersten Jahre blieb diese personelle Besetzung bis 1939 relativ stabil.

Das Durchregieren von oben nach unten, gemäß dem nationalsozialistischen „Führerprinzip“, erfährt eine weitere Steigerung im neuen „Niederschriftsbuch der Beratungen des Bürgermeisters mit den Gemeinderäten und seiner Entschließungen“[149] ab Oktober 1935. Grundsätze und Verfahrensregeln sind in einem Vorspann abgedruckt: Es sei (gekürzt) *im wahren Geiste des Schöpfers der gemeindlichen Selbstverwaltung, des Reichsfreiherrn von Stein*[150]*, in einem vom nationalen Wollen durchdrungenen Volke unter Führung der Besten des Volkes die wahre Volksgemeinschaft zu schaffen.* Der Bürgermeister verfügt nun im Rat über die alleinige und volle Ordnungsgewalt. Die Gemeinderäte sind nur noch als Berater anzuhören, danach *trifft der Bürgermeister seine Entscheidung in voller und aus-*

„Entschließung" des Bürgermeisters Spielmann vom 17.11.1935

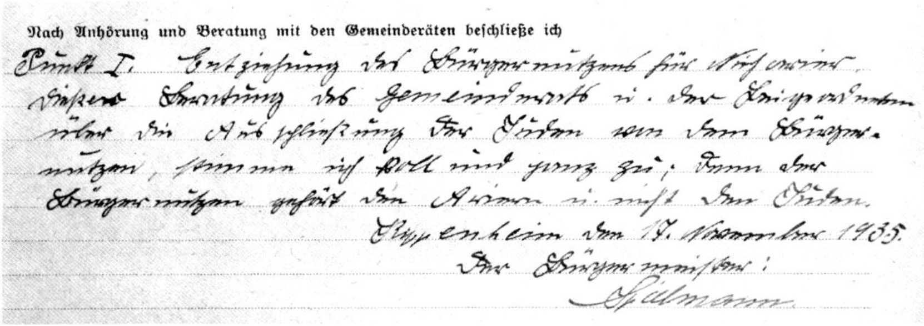
Nach Anhörung und Beratung mit den Gemeinderäten beschließe ich
Punkt I. Entziehung des Bürgernutzens für Nichtarier.
Dieser Beratung des Gemeinderats u. der Beigeordneten
über die Ausschließung der Juden von dem Bürger-
nutzen, stimme ich voll und ganz zu; denn der
Bürgernutzen gehört den Armen u. nicht den Juden.
Kippenheim den 17. November 1935.
Der Bürgermeister:
Spielmann

Punkt I. Entziehung des Bürgernutzens für Nichtarier: Dieser Beratung des Gemeinderats u. der Beigeordneten über die Ausschließung der Juden von dem Bürgernutzen stimme ich voll und ganz zu; denn der Bürgernutzen gehört den Armen und nicht den Juden. Kippenheim den 17. November 1935.
Der Bürgermeister: Spielmann

schließlicher Verantwortung. Dementsprechend sind die Protokolle nun zweigeteilt in a) Anträge und Beratungen und b) Entschließungen des Bürgermeisters.

Gefährlich für einen, der noch wagen sollte eine abweichende Meinung frei zu äußern, war die Vorschrift: *Die Gemeinderäte sind verpflichtet, sich zu äußern, in jedem Falle, wenn ihre Meinung von der des Bürgermeisters abweicht,* um zu verhüten, *dass sie nicht später Entscheidungen des Bürgermeisters angreifen.* In den folgenden 10 Jahren findet sich nie eine abweichende Meinung in diesen Niederschriften.

Auch an der Zahl der Sitzungen ist abzulesen, dass jetzt jedes lebendige, demokratische Spiel der politischen Kräfte der Gemeinde erstickt war. Hatte der Rat zwischen 1930 und 1935 jährlich noch etwa 35-mal getagt, so waren es bis 1939 noch 15 und dann bis Kriegsende noch durchschnittlich 6 Sitzungen pro Jahr[151]. Der größte Teil des politischen Geschehens, vor allem die Maßnahmen gegen die jüdischen Einwohner Kippenheims, wurde ohnehin nicht mehr im Gemeinderat entschieden. Wir müssen dazu – wie im nächsten Kapitel dargestellt wird – die Akten der Verwaltung bemühen.

In den Niederschriften von 1935 bis 1945 erscheint nur eine direkt gegen die jüdischen Bürger gerichtete Aktion. Bürgermeister Spielmann notiert sie als seine „Entschließung" am 17. November 1935, er entzieht damit den jüdischen Mitbürgern den Bürgernutzen, der vor allem die Zuteilung von Brennholz betrifft. Der letzte in diesen Protokollen erwähnte jüdische Bürger ist *Eugen Wertheimer*, dessen *Gesuch um Steuernachlaß wird abschläglich beschieden* (20.1.1937).

Von der Partei gesteuerte Maßnahmen werden im Niederschriftsbuch nur noch selten erwähnt. Beispiele: Dem *Antrag der N.S.K.O.V.* [152] *wegen Erstellung eines Gefallenen-Ehrenmals* (9.12.1937) stimmt der Bürgermeister in seiner „Entschließung" zu. Die Gengenbacher Schwestern, welche seit Jahrzehnten die Kranken in Kippenheim betreut hatten, werden durch *NSV-Schwestern*[153] aus dem Krankenhaus verdrängt, *aus Gründen der nationalsozialistischen Volksführung* (14.1.1938).

Camill Link war ab Februar 1937 aus dem Niederschriftsbuch verschwunden, Ende des Jahres tauchten *Parteigenosse Adolf Kraus* als neuer Beigeordneter und *Otto Buggle als Ratschreiber* auf. Zum 1.9.1941 wurde Buggle *nach Schreiben des Oberlandesgerichtspräsidenten, Karlsruhe, in den Reichsjustizdienst übernommen.* Doch er fungierte weiterhin in Kippenheim als Ratschreiber[154]. Und plötzlich ersetzte er den Bürgermeister Friedrich Spielmann, nachdem dieser *am 25.9.1942 auf eigenen Antrag sein Amt aufgegeben hatte.* Um Spielmanns Entmachtung von Seiten der Partei abzusichern, erschienen *der Beauftragte der NSDAP Kreisleiter Pg.* (Parteigenosse) *Burk sowie der Kreisamtsleiter für Kommunalpolitik Pg. Lang* einen Monat später *zur Bekanntgabe des Wechsels* in Kippenheim. Als Begründung wird lakonisch festgestellt: *Der Unterzeichnete* (Buggle als neuer Bürgermeister) *sprach kurz über die festgestellten Mängel.* Ein paar Tage später wird von *Mißständen in der Gemeinderegistratur* geschrieben.

Kaum noch überschaubar ist der Wechsel des Personals in den Kriegsjahren. Als Gründe für die *Bestellung von Ersatzgemeinderäten* oder *für neu zu bestellende Beigeordnete auf Vorschlag der NSDAP* und dafür, dass *viel Arbeit liegen bleibt und der Einzug der Außenstände erschwert ist,* werden zwar *Einberufungen zum Heeresdienst,* nicht aber Verwundung, Gefangenschaft und Tod erwähnt. Die Personalnot zwingt sogar dazu, den 1933 als Ratschreiber entlassenen und inzwischen *kriegsverwundeten Wilhelm Fuchs als Grundbuchratschreiber heranzuziehen* (April 1942), und ein *Kriegsversehrter wird zum Ratsdiener für die Kriegszeit als Kriegsaushilfsangestellter* (November 1943).

Für die im November 1938 geschändete Synagoge samt dem dazugehörigen Wohnhaus – die Ausschreitungen vom 9./10. dieses Monats werden nirgendwo erwähnt – wird im Mai 1940 der Ankauf durch die Gemeinde zwar beschlossen, im April 1941 aber *gemäß Verfügung durch das Landratsamt* nochmals aufgerollt. Im Februar 1943 diskutiert man, *das Wohnhaus der jüdischen Kultusgemeinde, z. Zt. benutzt als Gefangenenlager, nicht zu veräußern und die Synagoge nicht abzubrechen. Beide Gebäude sollen nutzbringend für Gemeindezwecke Verwendung finden.* Die nötige „Entschließung" des Bürgermeisters dazu aber fehlt[155].

In TOP 2 vom 11.2.1944 findet sich zumindest eine Andeutung der von jedem klar Denkenden längst erkannten Niederlage des „Großdeutschen Reiches": *Der Bau des feuersicheren Raumes zur Unterbringung der Steuerbücher wird bekanntgegeben.* Keine weitere Spur gibt es in diesen Niederschriften von den millionenfachen Morden und Kriegsopfern, von der Zerstörung der Städte, von den auch in Kippenheim untergekommenen Ausgebombten und Evakuierten, von den Millionen, die vom deutschen Osten in den Westen flüchteten oder vom unaufhaltsamen Vorrücken der Alliierten. Bis zuletzt wird „ganz normale" Gemeindeverwaltung gespielt.

Bizarr mutet das letzte dieser Protokolle (8.3.1945) an, sechs Wochen vor dem Einmarsch der französischen Armee in Kippenheim und zwei Monate vor der Befreiung Deutschlands vom Nationalsozialismus. Es lautet: *Anwesend: Otto Buggle, Bürgermeister; Karl August Richter und August Geiger, Beigeordnete; Josef Störk, Johann Ohnmacht und Wilhelm Göhringer, Gemeinderäte (beurlaubt Ernst Siefert); Fritz Stubanus, Angestellter.* Es werden verhandelt: *1.) Kriegsgartenaktion der N.S.D.A.P., 2.) Überschüsse aus dem Holzwirtschaftsjahr 1944, 3.) Abschaffung des Farrens „Prediger", 4.) Abschaffung des Ebers (wegen Inzucht), 5.) Bewirtschaftung der Freimatt.* Die „Entschließung" des Bürgermeisters regelt den *Erlös aus dem Überhieb des Holzwirtschaftsjahres 1944*, sonst nichts.

„Alles Artfremde zum Schutze des Deutschtums auszurotten"

Das Kippenheimer Schulleben war bald nach der „Machtergreifung" vom 30. Januar 1933 genauso nach der nationalsozialistischen Ideologie ausgerichtet, wie das gesamte politische Leben, Justiz, Verwaltung und Polizei, kulturelle Organisationen und öffentliche Einrichtungen. In der Festschrift „100 Jahre altes Schulhaus Kippenheim" schreibt Martha Nowack in ihrem Aufsatz „Die Kippenheimer Schule während des Nationalsozialismus":

Bei Fräulein Trabold übten wir den Reigen „Freut euch des Lebens" für den „Tag der Jugend", der 1934 auf dem Kahlenberg (bei Ettenheim) *ausgerichtet wurde. (...) In den Klassenzimmern wurden die Kreuze abgehängt und durch Hitlerbilder ersetzt. Der Gruß lautete von da an „Heil Hitler". Oberlehrer Schäfer, der sich beim „Zentrum" politisch betätigt hatte, wurde nach Flehingen versetzt. (..) Im Schatten der Hitlerzeit wurden wir Schüler zu Tätigkeiten auch außerhalb des Unterrichts herangezogen. Sammlungen für das Winterhilfswerk (WHW) wurden auch Schülern übertragen, die sich nicht der Hitlerjugend und dem BDM angeschlossen hatten.*

Nach dem Gleichschaltungsgesetz vom März 1933 waren, wie oben geschildert, auch die Gemeindespitze und der Gemeinderat Kippenheim bald ausschließlich von NSDAP-Mitgliedern besetzt. Die Schulakten des Gemeindearchivs (Ziffer VI. 2/6) verwenden den Begriff der Gleichschaltung nicht, wir finden ihn nur in den Protokollen des Gemeinderats.

Bisher hatten die Schulbehörden die frei werdenden Lehrerstellen an Bewerber vergeben, im Benehmen mit der Gemeinde, auch nach den Bedürfnissen der Konfessionen, z. B. mit Rücksicht auf den Orgeldienst. Im Oktober 1933 bittet das Kreisschulamt Emmendingen[156] die Gemeinde um Stellungnahme zu den fünf Bewerbern um die frei gewordene Oberlehrerstelle an der Volksschule Kippenheim[157]. Das Bürgermeisteramt schickt nun, ganz im Sinne der „Gleichschaltung", gleichlautende Erkundungsschreiben nicht nur an die Rathäuser der Gemeinden, aus denen die Bewerber kommen, sondern auch an die Ortsgruppenleiter der NSDAP mit der Bitte um Auskunft über die Lehrer, deren persönliche *Verhältnisse, dortige Tätigkeit, Charaktereigenschaften, Parteizugehörigkeit (auch frühere).*

Die Antworten, teils von Blockwarten und Stützpunktleitern der NSPAP, teils von den Bürgermeistern, geben Auskünfte wie: Der Bewerber sei *ein solider, braver Schulmann, mit guten Charaktereigenschaften, Vorstand des Männergesangvereins, Dirigent des Kirchenchores und Organist, die Gemeinde würde den Verlust dieses tüchtigen Herrn Lehrer lebhaft bedauern.* Es wird aber auch bereitwillig berichtet, der Lehrer sei, *seit dem die Beamten* (ihre Parteizugehörigkeit) *öffentlich bekennen können, Mitglied der N.S.D.A.P., er hat früher mit dem Zentrum geliebäugelt, ist heute natürlich auch national, sodaß wir alten Kämpfer kaum noch mitkommen.* Ein anderer *hatte für die Ziele der NSDAP bis zur diesjährigen Regierungsbildung*[158] *wenig Verständnis, ist aber jetzt, wo seine Beförderung diskutabel ist, auffallend rührig für die nationale Bewegung.*

Fast alle Antwortschreiben schließen vor der Unterschrift statt mit dem bisher üblichen „Hochachtungsvoll“, nun mit *Heil Hitler.* Dieser „Deutsche Gruß“ oder „Hitlergruß“ war jetzt nicht nur im Schriftverkehr, sondern als Gruß auf der Straße mit hochgereckter rechter Hand erwünscht. Auch die Kinder mussten ihre Lehrer mit *Heil Hitler* grüßen, in der Schule wie bei der Begegnung im Dorf.

Trotz aller nationalsozialistischen Sprachregelungen entschied sich die Kippenheimer Ortsschulbehörde dann doch für den vom Kreisschulamt als ersten auf der Bewerberliste gesetzten Franz Gallus als neuen Oberlehrer, obwohl er nach Auskunft der NSDAP Rheinfelden *unserer Be-*

Gemeinderatsprotokolle 1930–35, TOP 1. vom 5. Februar 1934: „Gleichschaltung“

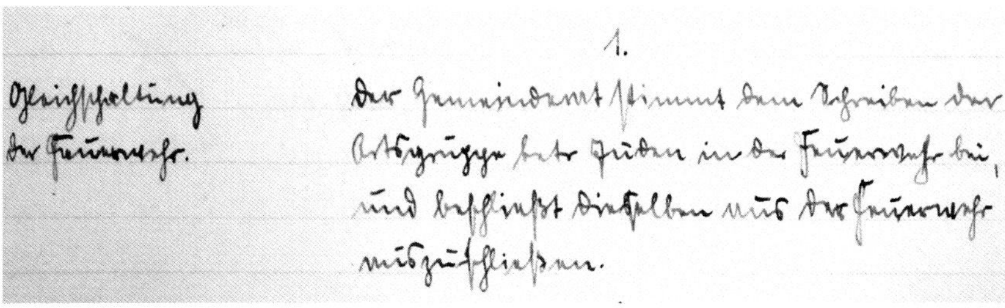
1.
Gleichschaltung der Feuerwehr.
Der Gemeinderat stimmt dem Schreiben der Ortsgruppe betr. Juden in der Feuerwehr bei, und beschließt dieselben aus der Feuerwehr auszuschließen.

Gleichschaltung der Feuerwehr — *Der Gemeinderat stimmt dem Schreiben der Ortsgruppe betr. Juden in der Feuerwehr bei, und beschließt dieselben aus der Feuerwehr auszuschließen.*

wegung fernsteht und früher der Zentrumspartei nahestand[159]. Er wirkte bis Ende der 1950er-Jahre in Kippenheim[160].

Um auch wirklich alle der für die Schulen Verantwortlichen im nationalistischen Sinne „auf Vordermann" zu bringen, lud das Schulamt *mit allen Lehrpersonen auch die Mitglieder der Ortsschulbehörde* ein auf den 8.11.1933 nach Emmendingen: *Es spricht der Führer der badischen Volksschule und des nationalsozialistischen Lehrerbundes, Herr Ministerialrat Gärtner, über das hochbedeutsame Thema ‚Das Weltbild des Nationalsozialismus und die außenpolitische Lage´.*

In der Akte „Kirche, Unterricht, Erziehung" sind danach Jahre lang keine weiteren Schriftstücke abgelegt. In den ersten Kriegsmonaten 1939 wird die Ablage dann weitergeführt mit amtlichen Weisungen zu kriegsbedingten Ferien, zur Belegung von Schulsälen durch Militär und dass *die Jugend der Volksschule und der Ländlichen Berufsschulen unbedingt zur Einbringung der Herbsternte mitherangezogen werde*[161].

Dass die Kippenheimer in ihrem dörflichen Alltag der NS-Agitation recht reserviert begegneten, zeigte sich beim Aufruf zum Boykott der jüdischen Geschäfte am 1. April 1933, er wurde nur zögernd befolgt. Auch die zahlreichen Teilnehmer am Begräbnis des Lehrers Hermann Zimmern im Januar 1937 sind hierfür ein deutliches Zeichen[162].

Wie rasch das auf Befehl und Gehorsam bauende, von der obersten Parteileitung ausgehende „Führerprinzip" nach unten in die Gemeindeverwaltung durchschlug, zeigt ein Vorgang vom März 1935[163]: An das Bürgermeisteramt erging am 8.3.1935 ein Schreiben der NSDAP Kippenheim, eingeleitet mit dem zynischen Satz: *Der Staat Adolf Hitlers ist ein Staat der Duldsamkeit.* Der entsprechende „Beschluss" (ohne Gemeinderat!) spricht jeder Duldsamkeit Hohn. Als „Bekanntmachung" wurde er bereits am 9.3. vom „Bott" im Dorf ausgerufen. Neben Bekanntgaben über die Holzabfuhr und den Verkauf von Blindenwaren ist wörtlich der Partei-Text übernommen:

Der Jude, der gegen das nationalistische Deutschland in schamloser Weise hetzt, ist als wirtschaftliche Macht und volksvergiftende Finanz der Todfeind der N.S.D.A.P. Derjenige, welcher bei solchen vaterlandslosen Schmarotzern kauft, unterstützt dessen Werk gegen Deutschland und muss denen gleichgestellt werden. Man sei nicht länger gewillt, zu dulden, dass Volksgenossen ihre Einkäufe bei jüdischen Geschäften tätigen.

Es wird gedroht, Unterstützungen durch die Gemeinde zu entziehen und *die Namen derjenigen, welche ihr ehrloses Tun nicht lassen können, öffentlich bekannt zu geben.* Auf Verlangen der Partei verhängt das Rathaus *Zuzugssperre mit sofortiger Wirkung für jeden Zuzug von Nichtariern.*[164] Den jüdischen Mitbürgern wird die Beflaggung ihrer Häuser mit den offiziellen Reichsfahnen verboten.

Unter den neuen Herren im Rathaus (Namen im vorhergehenden Kapitel) wird die Amtssprache niederträchtig, entwürdigend, drohend und kriminalisierend: *Wegen der Gefährlichkeit des Tuns dieser Artfremden* (Juden), obliege der Gemeinde, *die Pflege des geistigen, sittlichen und wirtschaftlichen Wohles der arischen Einwohner und die Erziehung zum nationalsozialistischen Gemeinschaftsgedanken.* Sie habe *ferner die Pflicht, alles Artfremde zum Schutze des Deutschtums auszurotten*[165]. Schon jetzt zielte die Propaganda unverhohlen auf das Leben der Gebrandmarkten. Rasch wurde auch in Kippenheim unter den Bürgern ein Klima der Angst, der Repression und der Bespitzelung geschaffen. Wer wagte es jetzt noch, „beim Juden" einzukaufen und ihm Arbeit und Hilfe zu geben, da ihm nach und nach die Lebensgrundlagen entzogen wurden? Wie begegnete man dem Nachbarn, mit dem man sich vor kurzem noch „im gemütlichen Vereine"[166] gewähnt hatte?

Auch in Kippenheim war damit propagandistisch das Terrain vorbereitet für die schrittweise Auslöschung der jüdischen Gemeinde. Den „Nürnberger Gesetzen" folgten die Verdrängung aus dem öffentlichen Leben und aus der Wirtschaft, sowie die „Arisierung" der jüdischen Betriebe. Der Entzug der Lebensgrundlagen und die wachsende Bedrohung trieben auch die Kippenheimer Familien zur Auswanderung[167], die vielfach einer Flucht gleichkam. Vielen half auch ihre Flucht nichts, denn überall, wohin Deutschlands Expansion im Krieg reichte, wurden sie vom Naziterror erfasst.

Die Akte „Judenkartei; Auswanderung von Juden"[168] zeigt den bürokratischen Aufwand, den man betrieb, um einerseits die jüdischen Bürger loszuwerden, andererseits aber die Auswanderung mit möglichst hohen Hürden zu versehen und mit der „Reichsfluchtsteuer" Kapital daraus zu schlagen. Das erste Schreiben dieser Akte vom badischen Innenministerium an die Bezirksämter (1.10.1935) befasst sich mit der Schaffung von Unterlagen zur „Durchführung der Rassengesetze." Ab Dezember 1936 wird die Auswanderung mit einer eigens für die Juden ersonnenen Bürokratie geregelt. An sechs Ämter, darunter die Geheime Staatspolizei („Gestapo"), gehen laut Verteiler die Mehrfertigungen des die wahren Hintergründe verschleiernden Formulars „Vorbereitende Maßnahmen zur Verlegung des Wohnsitzes ins Ausland".

Eugen Wertheimer[169] wurde in Kippenheim als erster (23.12.1936) mit diesem Vordruck erfasst, wegen seines Antrags auf Ausreise nach Palästina. „Verdachtsgründe" – nicht Begründungen! – hat das Bürgermeisteramt zu liefern; im Falle Wertheimer ist der *Verdachtsgrund: Antrag auf Devisenzuteilung.* Die Gemeindeverwaltung ergänzt unaufgefordert: *Wie man hört, soll er auch zwei neue Autos angeschafft haben, mit denen er mit seiner Familie die Reise antreten will. Nach seiner bisherigen Lebensführung dürfte er wohl Vermögen besitzen, weshalb größte Vorsicht angebracht ist.* Auch bei Hermann Wertheimer sei *Vorsicht geboten, da schon einige Verwandte ausgewandert sind,* und *dass die Vorbereitungen für die Auswanderung stets in aller Stille durchgeführt werden* (16.3.37).

Dass die meisten jüdischen Familien ihre Situation zu Recht als bedrohlich einschätzten, und dass eher von Flucht als von Auswanderung gesprochen werden muss, belegen die Dokumente des Gemeindearchivs. Am 5.8.1937 meldet das Bürgermeisteramt an das Bezirksamt Lahr[170], 23 Juden seien *seit der Machtübernahme ausgewandert.* Nicht einmal ein Jahr später (25.7.38) meldet die Gemeindeverwaltung weitere 15 Ausgewanderte, darunter Erich Valfer, der kurz zuvor noch in Ettenheim das Abitur hatte ablegen können[171]. Die Listen im Gemeindearchiv sind mit Sicherheit unvollständig.

Staudenmeyer schreibt: „Nach den USA wanderten 58 Kippenheimer Juden aus, nach Frankreich zehn, nach Palästina neun, nach England sieben, in die Schweiz fünf, nach Argentinien zwei sowie je einer nach Südafrika und Holland."[172]

Scheinbar nüchterne Listen[173] belegen den unter den Bürgermeistern Spielmann und Buggle im Kippenheimer Rathaus herrschenden Geist: Am 27.1.1939 versieht das Bürgermeisteramt eine für das Arbeitsamt gefertigte Liste „Arbeitsfähige Juden" mit dem Kommentar: *Die besonders kräftigen Juden habe ich mit dem Vermerk ‚kräftig gebaut' gekennzeichnet, und will hiermit zum Ausdruck bringen, dass dieselben auch zu schwerer Arbeit herangezogen werden können.* Am 24.10.1939 muss Synagogenrat Hermann Israel[174] Wertheimer auf einer von ihm erstellten Liste den Erhalt von „Fettkarten"[175] für die noch verbliebenen 39 Juden bestätigen.

Erste Kippenheimer Todesopfer waren Claire Weill, sie nahm sich im September 1938, vor dem Spiegel sitzend das Leben[176], und Siegfried Wertheimer, er wurde am 21. August 1939 im „Untersuchungsgefängnis“ Kenzingen in den „Freitod“ getrieben.

Zwei bis dahin unvorstellbare Ereignisse sind mit der Geschichte der Volksschule Kippenheim und dem Schicksal ihrer Schüler eng verknüpft. Die Überlebenden schildern sie als tief verletzende Kindheitserlebnisse. Es sind die Tage des Pogroms vom November 1938, verbunden mit der Deportation der jüdischen Männer in das KZ Dachau[177], und der Tag der Deportation der letzten jüdischen Bürger nach Gurs im Oktober 1940.

Die vierzehnjährige Hedwig Wachenheimer[178] hatte am 10.11.1938 schon in Ettenheim auf dem Heimweg vom Gymnasium gesehen, wie Jugendliche und Männer, von denen sie annehmen musste, dass es Juden waren, unter Peitschenhieben von SS-Leuten abgeführt wurden. Telefonisch konnte sie ihre Eltern nicht mehr erreichen. Mit dem Fahrrad nach Kippenheim zurückgekehrt, erlebte sie verwüstete Geschäfte, ihr Elternhaus leer und verschlossen, lachende und zynische Menschen, ihre Mutter bei einer andern jüdischen Familie, der Vater im Rathaus gefangen, von da für vier Wochen nach Dachau verschleppt.

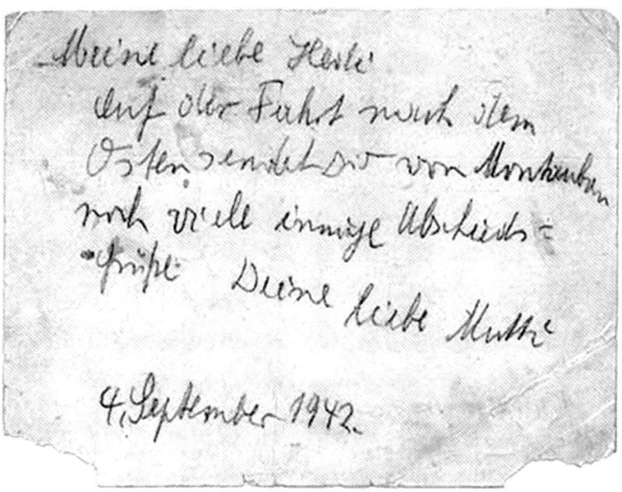
Meine liebe Hedi
auf der Fahrt nach dem
Osten sendet Dir von Montauban
noch viele innige Abschieds-
grüße. Deine liebe Mutti
4. September 1942.

Letzter Gruß der Eltern an Tochter Hedi in England, vom Transport nach Auschwitz

Meine liebe Hedi, auf der Fahrt nach dem Osten sendet Dir von Montauban noch viele innige Abschiedsgrüße
Deine liebe Mutti
4. September 1942. (Foto Hedy Epstein, privat)

Im Mai 1939 muteten die Eltern ihrer Tochter ein weiteres Trauma zu, das sie für immer voneinander trennte, aber Hedis Leben retten sollte: Mit einem Kindertransport wurde sie nach England geschickt. Erschütternd sind die Briefe der Eltern an ihre Tochter, erst noch aus Kippenheim, später, nach der Deportation, aus Gurs. Und dann, auf einer Postkarte der letzte Gruß, vom Transport nach Auschwitz, vermutlich aus dem Zug geworfen und dennoch in England angekommen[179].

Den Ausschluss der beiden Brüder Maier (Klassen 5 und 2) am zweiten Tag des Novemberpogroms 1938 belegen zwei kurze Vermerke der Schule in Liste A (siehe hierzu die Auszüge im Kapitel "Die Schüler israelitischer Konfession“). Damit gibt es an der Volksschule Kippenheim keine israelitischen Schüler mehr. Die im Jahre 1874 begonnene Geschichte der Simultanschule, als Schule für die Kinder aller Konfessionen, wurde am 10. November 1938 gewaltsam beendet.

Kurt S. Maier erwähnt den Tag seines Schulausschlusses in seinen Erinnerungen[180] nicht. Umso mehr verfolgt ihn wie auch Inge Auerbacher[181], die ganz in der Nähe wohnte, bis heute der Terror dieses Tages gegen die jüdischen Häuser und ihre Bewohner. Die Männer waren, teilweise aus dem Gebet in der Synagoge heraus, abgeholt und vor dem Abtransport nach Dachau im Rathaus zusammengetrieben worden. Die Mütter und Großmütter fanden sich mit den Kindern allein der Todesangst ausgesetzt: Fliegende Steine und splitterndes Glas, Gegröle und Drohungen, Fliehen und Verstecken, zerstörte Wohnungen und Geschäfte, nur wenig, verschüchterte Hilfe durch Nachbarn. Das Gotteshaus war geschändet. Am 3. Dezember 1938 kehrten acht der Deportierten aus Dachau zurück[182]. Wann die andern acht heimkehrten, ist in den Gemeindeakten nicht vermerkt.

Familie Maier blieb trotz aller Gefahren in Kippenheim. Die beiden Buben besuchten ab Jahresbeginn 1939 die jüdische Schule in Freiburg[183], wo sie während der Woche bei einer jüdischen Familie wohnten. Die Kinder erfuhren schmerzlich die täglich wachsenden Bedrängnisse: Vaters Buchführung der nicht mehr einzutreibenden Außenstände, die Kennkarte mit dem großen *J*, die von den Geschädigten erpressten „Entschädigungen“ für die Verwüstungen der „Kristallnacht“, den Ausschluss aus dem öffentlichen Leben, die Beschlagnahme von Reisepass, Auto, Radio und Telefon, den Verkauf von Familienbesitz zu Spottpreisen, die „Reichsfluchtsteuer“ und die verzweifelten Bemühungen zu emigrieren.

Kennkarten im „Dritten Reich" mit dem stilisierten J für jüdische Mitbürger

Inge Auerbachers „Kennkarte" mit dem großen J und dem Vermerk „Umgesiedelt, 22.8.1942".
Foto Inge Auerbacher, privat

Die Anmerkungen der Liste A geben ein beredtes Zeugnis der Folgen für die Schule: Bei 12 Schülern steht zwischen 1934 und 1938 ein Vermerk über die Auswanderung, darunter von neun Auerbacher-Kindern und Margot Wertheimer in die USA (vorwiegend New York), sowie Stefan und Peter Wertheimer nach Haifa/Palästina. Aus den Geburtenzahlen erklärt sich, weshalb hier keine andern Familiennamen auftauchen. Von den ab 1879/80 gezählten 218 israelitischen Kindern sind nur 29 nach 1918 geboren, davon 12 Auerbacher und 10 Wertheimer. Auch bei den nach anderen Quellen, z. B. dem Ortssippenbuch, ausgewanderten Jugendlichen und Erwachsenen überwiegen die Auerbacher; sie waren in den ersten Jahrzehnten des 20. Jahrhunderts zum stärksten jüdischen Familienverband Kippenheims geworden.

Bei dem erst im April 1938 eingeschulten Manfred Auerbacher, dem letzten israelitischen Erstklässler, finden wir in Liste A vermerkt: „1.10.38, USA". Seine Eltern waren Kurt Maiers Onkel Siegfried und Tante Paula. In bewegenden Worten schildert Maier den Abschied dieser Familie aus Kippenheim: „Tante Paula und der kleine Manfred saßen schon im Wagen. Ein letztes Mal ging der Onkel nach hinten zum Kuhstall. Als er herauskam, hielt er ein Taschentuch vors Gesicht und schluchzte laut

An Ostern 1938 wurde als letztes israelitisches Kind Manfred Auerbacher eingeschult

Manfred Auerbacher,
*28.6.1931,
vor dem „Dirnle“
(Foto Kurt S. Maier, privat)

auf, dann stieg auch er ins Taxi“.[184] So konnte sich die Familie Siegfried Auerbacher kurz vor dem November 1938 in Sicherheit bringen.

Als letzte jüdische Kinder lebten nun nur noch die Brüder Maier zumindest zeitweise in Kippenheim. Ihr Leben „Zwischen Pogrom und Deportation“[185] endete mit dem Tag des Laubhüttenfestes am 22. Oktober 1940. Nach dem Abreisebefehl der Nazis mit unbekanntem Ziel ließen die Eltern Maier ihre beiden Buben mit dem Taxi in Freiburg abholen. Die letzten 31 jüdischen Bürger Kippenheims wurden in das Lager von Gurs im „Freien Frankreich“ des Marschalls Pétain verschleppt. Ihr Abtransport ist mit den 1992 aufgetauchten Fotos von Wilhelm Fischer erschütternd dokumentiert. Eines der Bilder zeigt, wie die Familie Maier mit ih-

Bilddokument der Deportation nach Gurs

Deportation der Familie Maier am 22.10.1940, neben dem Soldaten: Großeltern Auerbacher, Kurt (mit Schultasche), Vater Maier (mit Koffern). Foto Wilhelm Fischer, Dörlinbach

rer letzten erlaubten Habe zum Lastwagen geht, von Soldaten bewacht, von Nachbarn beobachtet.

65 Jahre später erinnerte Kurt S. Maier in der Gedenkstätte Neckarzimmern seine Zuhörer an die *Menschenernte* dieses Herbstes, an *die längste Zugfahrt meines Lebens, an Gurs, den Ort der Geräusche, den Ort der Gerüche, den Ort, an dem alles grau war,* ebenso an den Hunger und die Krankheiten, an die Toten im Leichentuch und schließlich, nachdem die Deutschen auch den Rest Frankreichs besetzt hatten, an die Transporte „in den Osten". Familie Maier gehörte zu denen, die der Hölle von Gurs und der Verschleppung nach Auschwitz noch rechtzeitig in die USA entkommen konnten. Bis heute verfolgen den damals Elfjährigen die Gedanken an die vielen, denen dies nicht gelang.

Ausnahmslos alle jüdischen Gemeindemitglieder, die bis zur Machtübernahme durch die Nationalsozialisten in Kippenheim lebten, wurden Opfer des Systems. Soweit ihnen die Flucht an einen sicheren Ort nicht gelang, war ihnen der Tod gewiss. Jürgen Studes Aufsatz zur Kippenheimer Gedenktafel[186] schildert die rasante Abnahme der Zahl derer, die in ihrer Heimat ausharrten. Die Volkszählung von 1933 hatte noch 144 jüdische Mitbürger registriert. Die „Judenliste" vom Sommer 1938 zählte 73 Personen. Nur noch 31 Namen standen am 22. Oktober 1940 auf der Deportationsliste nach Gurs.

Inge Auerbacher, das letzte in Kippenheim geborene jüdische Kind (31.12.1934), konnte hier nicht mehr zur Schule gehen. Die Familie war im Mai 1939 nach Jebenhausen zu Inges Großeltern geflohen, wo sie sich sicherer glaubte. Doch auch hier erreichte sie bald nach Großvaters Tod der Nazi-Terror. Die Oma wurde nach Riga verschleppt und ermordet. Die

Deportationsbefehl für Familie Auerbacher, 22. August 1942

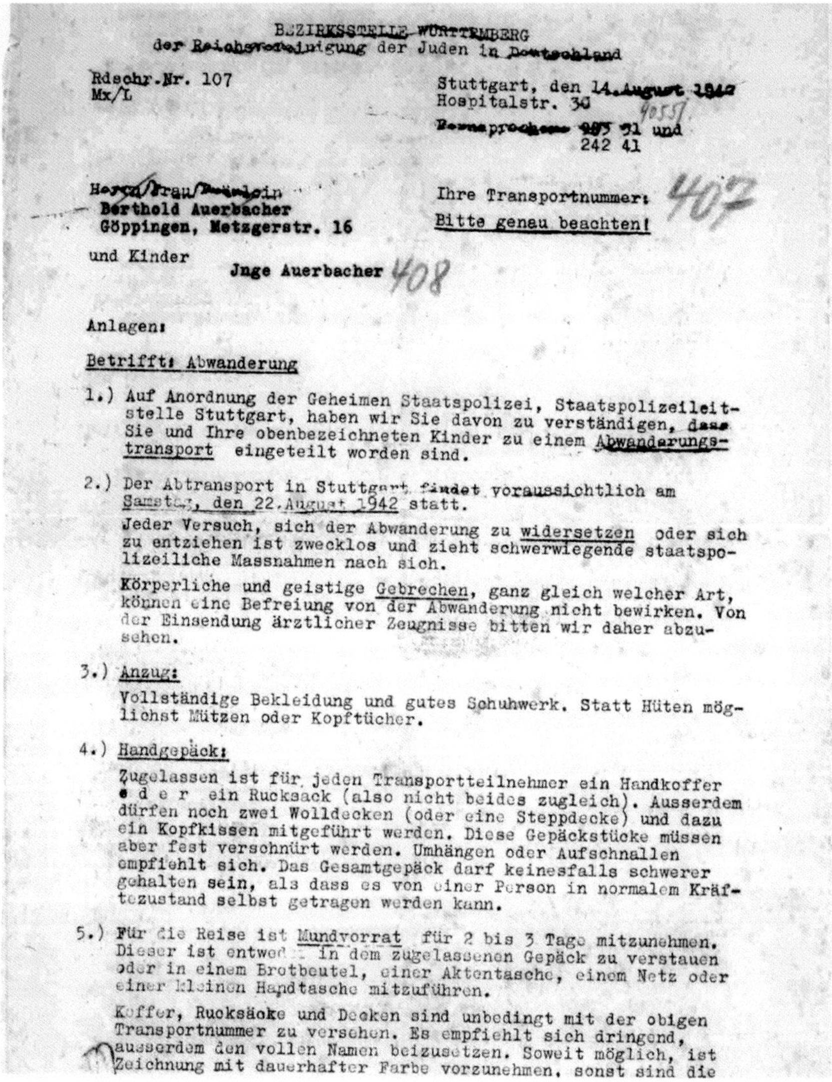

BEZIRKSSTELLE WÜRTTEMBERG
der Reichsvereinigung der Juden in Deutschland

Rdschr.Nr. 107
Mx/L

Stuttgart, den 14. August 1942
Hospitalstr. 36
Fernsprecher 905 71 und
242 41

Herrn/Frau/Fräulein
Berthold Auerbacher
Göppingen, Metzgerstr. 16

Ihre Transportnummer: 407
Bitte genau beachten!

und Kinder
Inge Auerbacher 408

Anlagen:

Betrifft: Abwanderung

1.) Auf Anordnung der Geheimen Staatspolizei, Staatspolizeileitstelle Stuttgart, haben wir Sie davon zu verständigen, dass Sie und Ihre obenbezeichneten Kinder zu einem Abwanderungstransport eingeteilt worden sind.

2.) Der Abtransport in Stuttgart findet voraussichtlich am Samstag, den 22. August 1942 statt.

Jeder Versuch, sich der Abwanderung zu widersetzen oder sich zu entziehen ist zwecklos und zieht schwerwiegende staatspolizeiliche Massnahmen nach sich.

Körperliche und geistige Gebrechen, ganz gleich welcher Art, können eine Befreiung von der Abwanderung nicht bewirken. Von der Einsendung ärztlicher Zeugnisse bitten wir daher abzusehen.

3.) Anzug:

Vollständige Bekleidung und gutes Schuhwerk. Statt Hüten möglichst Mützen oder Kopftücher.

4.) Handgepäck:

Zugelassen ist für jeden Transportteilnehmer ein Handkoffer o d e r ein Rucksack (also nicht beides zugleich). Ausserdem dürfen noch zwei Wolldecken (oder eine Steppdecke) und dazu ein Kopfkissen mitgeführt werden. Diese Gepäckstücke müssen aber fest verschnürt werden. Umhängen oder Aufschnallen empfiehlt sich. Das Gesamtgepäck darf keinesfalls schwerer gehalten sein, als dass es von einer Person in normalem Kräftezustand selbst getragen werden kann.

5.) Für die Reise ist Mundvorrat für 2 bis 3 Tage mitzunehmen. Dieser ist entweder in dem zugelassenen Gepäck zu verstauen oder in einem Brotbeutel, einer Aktentasche, einem Netz oder einer kleinen Handtasche mitzuführen.

Koffer, Rucksäcke und Decken sind unbedingt mit der obigen Transportnummer zu versehen. Es empfiehlt sich dringend, ausserdem den vollen Namen beizusetzen. Soweit möglich, ist Zeichnung mit dauerhafter Farbe vorzunehmen, sonst sind die

Foto Inge Auerbacher, privat

wenigen Monate, die Inge vor der Deportation in das Konzentrationslager Theresienstadt (August 1942) als Erstklässler noch in Stuttgart zur Schule ging, beschreibt sie in ihrem Buch „Ich bin ein Stern“[187]. Sie erzählt darin von der Deportation ihrer Familie, vom Grauen im KZ, vom Überlebenskampf, vom notdürftigen, geheimen Unterricht und von der Puppe Marlene, von der Befreiung durch die Sowjettruppen im Mai 1945 und vom neuen Leben in den USA.

Das fast 300 Jahre währende jüdische Leben in Kippenheim war mit den Deportationen ausgelöscht (siehe auch Abb. auf Seite 82). Mehr als 30 der zu Beginn der NS-Zeit hier lebenden ehemaligen Schulkinder wurden ermordet. Bei den meisten von ihnen steht „Tod in Auschwitz“. Die zentrale Datenbank der Opfer der Shoa von Yad Vashem zählt 44 Ermordete aus Kippenheim, sowohl hier geborene wie auch solche, die dort zur Zeit des Nationalsozialismus wohnten. Mehr als 50 überlebten[188] durch rechtzeitige Auswanderung und Flucht. Das Schicksal einer großen Zahl, vor allem derer, welche schon vor 1933 weggezogen waren, erschließt sich nicht aus den Kippenheimer Quellen.

Über die Vermerke in Liste A und das persönliche Zeugnis Kurt S. Maiers hinaus erfahren wir nirgendwo etwas über rechtswidriges Verhalten von Kippenheimer Lehrkräften. Die Seiten der auf 1932 folgenden Jahre im Protokollbuch der Schule wurden vernichtet, Schulakten aus dieser Zeit sind nicht vorhanden[189].

Zur Rolle der Lehrkräfte im „Dritten Reich“ erfahren wir aus der Antwort auf eine Anfrage der französischen Militärregierung[190] lediglich, dass Friedrich Krämer, Ida Trabold, Emma Hoch und Karl Nussbaumer nicht Mitglied der NSDAP waren, Franz Gallus ist zwar seit 1937 Mitglied, aber ohne Amt in der Partei. Auch das von 1941 bis 1945 in Kippenheim tätige „französische Lehrpersonal“ wird von der Besatzungsmacht abgefragt. Demnach waren drei elsässische Lehrkräfte jeweils für kurze Zeit hierher abgeordnet[191].

Ausdrücklich als *Opfer des Nationalsozialismus* erhielt nach dem Krieg *Andreas Fuchs* die Stelle als *Schuldiener* (Hausmeister) an der Schule. Bereits in den ersten Kriegsjahren schwer verwundet, war er aus politischen Gründen für zwei Jahre an die russische Front geschickt worden, von wo er mit weiteren schweren gesundheitlichen Schäden heimgekehrt war[192]. Zumindest in seiner Person hat der Widerstand gegen das Regime in der Volksschule Kippenheim weitergewirkt.

Die Namen badischer Orte im Tal der Versunkenen Gemeinden für die Opfer der Shoa in Yad Vashem

Kippenheim, Altdorf und Schmieheim in der 9., 8., 7. Zeile von unten
Foto Christoph Koch

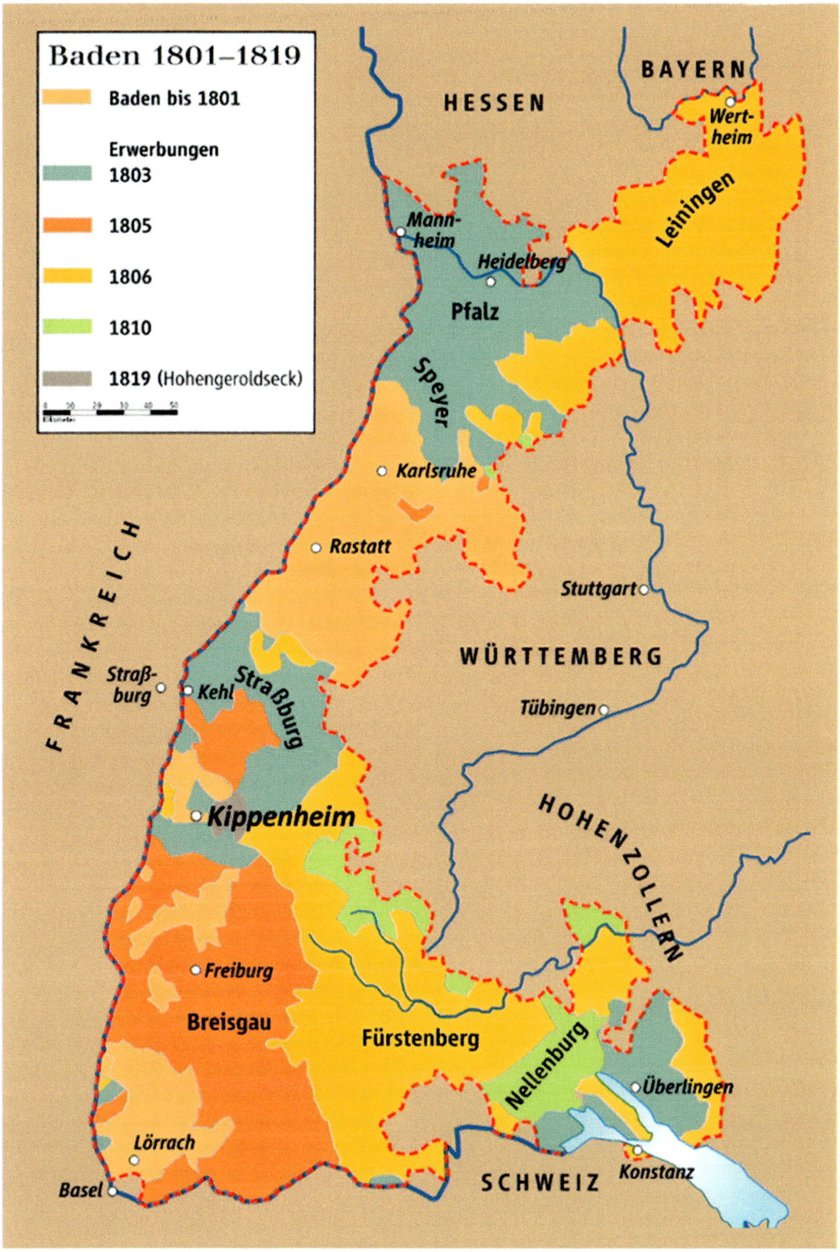

Quelle: https://de.wikipedia.org/wiki/Markgrafschaft_Baden#/media/File:Baden.png, Erstellt von User „ziegelbrenner“ aus Putzger – Historischer Weltatlas, 1905, Nutzung und Weiternutzung unter Lizenz GNU FDL. Bearbeitung: Philipp Faller

Hedy Epstein, unbeugsam im Einsatz für Menschenrechte

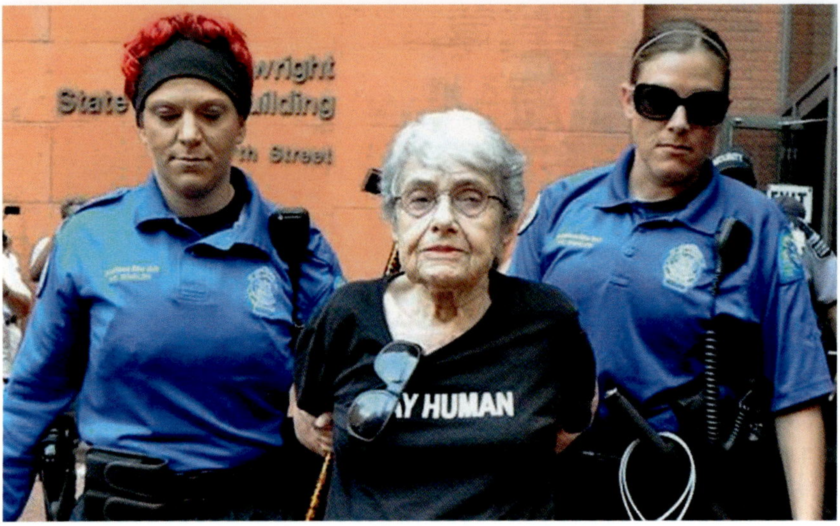

August 2014: Hedy Epstein wird von Polizistinnen abgeführt.
(Foto: http://pbs.twimg.com/media/BvZYBzKIAAAwKMJ.png)

Kurt Salomon Maier, bis heute wirbt er bei deutschen Schülern für Toleranz

Kurt S. Maier bei einem Vortrag vor Schülern des IBG Lahr 2009
http://ais.badische-zeitung.de/piece/02/b4/a5/2a/45393194-p-590_450.jpg
(Bearbeitung: Philipp Faller)

Inge Auerbachers bekennt als Zeitzeugin und als Botschafterin für Frieden und Versöhnung: „Meine Kinder sind die Kinder der Welt."

Ein sehr bewegendes Bild: Inge Auerbacher mit Schülern der Realschule Breisach nach der Aufführung der Kinderoper *Brundibár* von Hans Krása im Juli 2011. Inge hatte als Kind die Aufführung der Kinderoper im KZ Theresienstadt selbst erlebt. Der Komponist und die meisten der Mitwirkenden wurden nach Auschwitz deportiert und ermordet.

Die Volksschule Kippenheim

Das Schulgebäude von 1891, aufgenommen im Jahr 2015. Bis heute prägt es die Ansicht der Schule. *Seht das Schulhaus an, das neue, der Gemeinde Zier und Ehr,* heißt es im Kippenheimer Lied.

„Meine Kinder sind die Kinder der Welt"

Alle Kinder der Volksschule Kippenheim, deren Stamm und Namen ausgelöscht werden sollten, für die Erinnerung der Nachwelt zu bewahren, ist das Ziel dieser Arbeit.

Auch in Kippenheim hat man sich viele Jahre lang zunächst der Erinnerungsarbeit verweigert. So geht zum Beispiel die Festschrift *1200 Jahre Kippenheim*[193] von 1963 mit keiner Silbe auf die jüdische Geschichte des Ortes und die Auslöschung der jüdischen Gemeinde während der Nazi-Herrschaft ein. Im Kapitel *Drei verdiente Kippenheimer Heimatfreunde und Erzieher* wird als einziger, der tatsächlich in Kippenheim an der Volksschule unterrichtete, Oberlehrer Jacob Frey (1891–1919) kurz erwähnt, nicht aber der 1882 bis 1922 wirkende hochgeachtete Hermann Zimmern. In die Liste der Gefallenen des Ersten Weltkriegs sind nur drei der acht jüdischen Kriegsopfer aufgenommen. Angesichts der vielen während der Hitler-Jahre gequälten, geflohenen, deportierten und ermordeten jüdischen Mitbürger ist es beschämend, wenn diese *Festschrift* „dankbar" feststellt, dass *die Bewohner von Kippenheim nie das Unglück hatten, den Ort verlassen zu müssen.* Auch dass *ein Tieffliegerangriff Mauereinschüsse und Ziegelschäden an vielen Häusern verursachte* und durch *Artilleriefeuer die Brunnenschale am Stockbrunnen zerstört wurde*, fand man darin erwähnenswert.

Und dennoch: Schon seit Jahrzehnten arbeiten viele in und für Kippenheim auf dem Feld des Gedenkens. Das erschließt sich aus den Veröffentlichungen zur Orts- und Regionalgeschichte, aber auch aus der Tatsache, dass die Gemeinde Kippenheim[194] unter Bürgermeister Willi Mathis mit der Zustimmung einer großen Mehrheit der Bürger den Rückkauf und die Renovation der Ehemaligen Synagoge ermöglichte, angespornt und unterstützt durch Menschen, Gruppierungen und Institutionen, die sich der Versöhnungs- und Erinnerungsarbeit verschrieben haben. An vorderster Stelle sei hier das Wirken von Robert Krais und der Deutsch-Israelische Arbeitskreis südlicher Oberrhein (DIA) genannt. Durch sie alle und vor allem dank der verdienstvollen Arbeit des Fördervereins Ehemalige Synagoge Kippenheim e. V., wurde das Gotteshaus der jüdischen Gemeinde zu einer mit Leben erfüllten Gedenkstätte[195].

Alle Mühen, den Opfern der nationalsozialistischen Verfolgung ihre Würde und ihre Namen zurückzugeben, sind zusammengefasst in dem

Text der Gedenktafel, welche die Gemeinde Kippenheim im Januar 1998 an der Ehemaligen Synagoge anbringen ließ[196]:

ZUM GEDENKEN an die Kippenheimer Jüdinnen und Juden, die in den Jahren 1933 bis 1945 „im Namen des deutschen Volkes" unter den Augen der Öffentlichkeit gedemütigt, von hier und von anderen Orten verschleppt und ermordet wurden. (Es folgen 30 Namen). Nicht in Vergessenheit geraten sollen auch diejenigen Jüdinnen und Juden, die ihre Angehörigen, Heimat, Besitz und Gesundheit verloren und in die ganze Welt zerstreut wurden. ZUR ERINNERUNG, dass die Jüdinnen und Juden von ihren Mitmenschen alleine gelassen wurden und es nur wenige wagten, gegen dieses Unrecht einzuschreiten. ZUR MAHNUNG, dass von diesem Ort aus diesem Land niemals wieder ein Mensch vertrieben wird.

Wie konnte sich nach den „unter den Augen der Öffentlichkeit" vollzogenen und von einer Mehrheit zumindest geduldeten Verbrechen eine Begegnung mit überlebenden Opfern gestalten? Wie konnten Bürger Kippenheims, ehemalige Nachbarn, Lehrer und Schüler auf sie zugehen, ohne sie erneut zu verletzen? Den ersten Schritt hatten bald nach dem Krieg einzelne der ehemaligen israelitischen Schulkinder selbst getan, doch dazu später.

Im Oktober 1990 folgten 14 ehemalige jüdische Schulkinder der Einladung der Gemeinde zu einem Besuch in Kippenheim. Nach vielen Jahrzehnten konnten sie dabei auch erstmals „ihr" Schulhaus und „ihre" Klassenzimmer als Erwachsene wiedersehen. Zu einer Begegnung mit dem Leben der Schule, mit Schulkindern und Lehrern kam es allerdings nicht. Die Jubiläumsschrift „100 Jahre altes Schulhaus Kippenheim" von 1992 geht auf diesen Besuch nicht ein.

Noch 1994, als ich dienstlich nach Kippenheim kam, war in manchen Gesprächen zu spüren, mit welchen Ängsten, Beklemmungen, Verdrängungen, Vorbehalten bis hin zur Abwehr das Themenfeld „ehemalige jüdische Mitbürger" besetzt war. Demgegenüber standen aber auch vielfache Offenheit, Bereitschaft, Wissbegierde und vor allem bei den Schulkindern der Wunsch nach persönlichem Kennenlernen.

Als beste Türöffner für eine Begegnung und für die Auseinandersetzung mit der Geschichte erwiesen sich die überlebenden Kippenheimer Opfer der Nazi-Herrschaft selbst. Ihre Bereitschaft, uns an dem Ort, wo ihnen das Leid zugefügt wurde, entgegenzukommen, ihre Berichte vom Geschehen als Zeitzeugen, schriftlich oder im persönlichen Erzählen, sind von tiefer Wirkung. Uwe Schellinger formuliert es so: „Der erste offizielle Besuch (der 14 Ehemaligen) im Jahr 1990 bildete den Auftakt einer Entwicklung, an der die Zeitzeugen in exponierter Weise teilnehmen."[197]

Stellvertretend für alle Zeitzeugen möchte ich zum Abschluss dieser Arbeit vier ehemalige Kippenheimer Kinder in eigenen Kurzporträts würdigen. Ihre Haltung und ihr Wirken dienen in vorbildlicher Weise dem Erziehungs- und Bildungsauftrag der Schulen und damit auch den heutigen Schülern „ihrer" Schule in Kippenheim: Erich Valfer, Hedy Epstein, Kurt S. Maier und Inge Auerbacher.

Erich Valfer (1919)*
Erich Valfer 1935 mit Schülermütze
Bearbeitung aus dem Foto „Jüdische Schüler 1935" durch Philipp Faller

Erich Valfer war Ostern 1938 der letzte jüdische Abiturient des Gymnasiums Ettenheim. Er soll hier deshalb besonders erwähnt werden, da er schon als Sechzehnjähriger, unterstützt von seinen Klassenkameraden, den Nazi-Lehrern die Stirn bot und bis in sein Alter die aufrechte Haltung bewahrte. Mutig stellte er sich 1935 gegen die Gleichschaltung der Gesinnung durch die linientreuen Lehrer. Prof. Schaaf beschwerte sich in einem langen Schreiben bei den Schulbehörden über „den Juden Valfer" wegen angeblicher „Propaganda für den Steinbachverlag in München"[198]. Dass ihn seine Klassenkameraden bei dieser Auseinandersetzung unterstützten, bewog ihn in seiner Stellungnahme vom 30.3.1987, „zwischen Schuldigen und Unschuldigen zu unterscheiden" und sich gegen eine Kollektivschuld des ganzen deutschen Volkes auszusprechen[199]. In diesem Sinn ist auch sein Beitrag für das Buch „Gedächtnis aus Stein"[200] eine großmütige Geste. Er schreibt: „Dass die Synagoge mitten im Dorf wie ein Denkmal steht, ist ein Zeichen, dass viele Bürger der jetzigen Generation stolz auf die früheren jüdischen Mitbürger sind."

Kurz nachdem er das Abitur abgelegt hatte, floh er nach Mailand. Mit vielen andern gelang ihm die Überfahrt nach Palästina[201]. Er studierte dort Technik und arbeitete als Kaufmann. Mehrfach kam er zu Besuchen und Ferien nach Deutschland.

Mit der Schule in ganz besonderer Weise verbunden sind Hedy Epstein, Inge Auerbacher und Kurt Salomon Maier durch ihre Besuche und ihr Wirken als Zeitzeugen. Bei allen dreien beeindruckt immer wieder, mit welch hohem Maß an Geduld, Energie und persönlichem Einsatz sie ihren Beitrag zur Versöhnungs- und Erinnerungsarbeit leisten. Hierfür wurden sie mehrfach mit deutschen und internationalen Auszeichnungen gewürdigt.

Hedy Epstein, geb. Wachenheimer (1924)*
Hedwig Wachenheimer im August 1938
Foto Hedy Epstein, privat

Hedy Wachenheimer hatte sich schon im August 1945 entschieden, „all (ihren) Mut zusammenzunehmen und nach Kippenheim zu fahren."[202] Sie hatte noch die vergebliche Hoffnung gehegt, ihre Eltern wiederzufinden. 1946–47 arbeitete sie als Übersetzerin bei dem Nürnberger Ärzteprozess. Im Oktober 1997 sprach sie als erste Zeitzeugin vor Kindern der Kippenheimer Schule. In der Synagoge, „hier am Ort des Geschehens, muss sie doch um Fassung ringen"[203], als sie von der Schändung des Gotteshauses und der Thorarolle im November 1938 erzählte. „Hass zerstört", ist ihre Botschaft. Aus den Erfahrungen des selbst erlittenen Unrechts kämpft sie in den USA, ihrer jetzigen Heimat, auf ihren Reisen, in Vorträgen und in Veröffentlichungen seit Jahrzehnten kompromisslos für soziale Gerechtigkeit und gegen Verletzungen der Menschenrechte, gegen Gewalt und Krieg, von wem auch immer sie ausgehen. „Erinnern ist nicht genug"[204], das erlebt jeder, der ihr begegnet, als Leitthema ihrer Lebensarbeit und ihres politischen Engagements: „Nicht länger nur wegsehen, in den USA, Guatemala, Nicaragua, El Salvador, China, Kambodscha, Bosnien-Herzegowina, Irak und Israel." Hedy Epstein ist dem „kleinen rebellischen Mädchen" der 1930er-Jahre bis heute treu geblieben.

Sie sieht „eine enge Verbindung zwischen der Gleichgültigkeit und dem Mangel an Einmischung gegenüber dem Leiden der Juden in der Nazizeit mit der heutigen Unbekümmertheit gegenüber den Opfern unserer Tage.“[205] Und: „Ächtung und das Gefühl, eine Außenseiterin zu sein, begleiteten mein Leben.“ Bis heute scheut sie sich nicht, mit ihrem Einsatz für die universelle Achtung der Menschenrechte den Zorn der US-Behörden oder bedingungsloser Verfechter der Politik Israels auf sich zu ziehen. Am 19. August 2014, vier Tage nach ihrem neunzigsten Geburtstag, ging ein Video um die Welt[206], das zeigte, wie sie in Handschellen abgeführt wurde, nachdem sie bei Protesten im Zusammenhang mit dem Tod des Michael Brown eine Rede gegen Polizeigewalt gehalten hatte. *(Siehe dazu Farbfoto Hedy Epstein August 2014 → Seite 86)*

Die Würdigung im obigen Text entstand vor Mai 2016. Hedys Tod in diesem Monat erfordert die folgenden Zeilen:

Im März 2016 sollte Hedy vor dem Österreichischen Parlament sprechen, wurde aber wegen Einwendungen des *Simon Wiesenthal Centers* wieder ausgeladen, da sie „keine Überlebende im klassischen Sinne“ sei.

Im April teilte Hedy uns ihre „Krebserkrankung im Endstadium“ mit. Am 26. Mai 2016 starb sie in St. Louis/USA[207].

Kurt Salomon Maier (1930)*
Kurt S. Maier mit seinen Eltern und Bruder Heinz
(Foto: Kurt S. Maier, privat)

Kurt Salomon Maier wurde am 25. Mai 2000 feierlich an der Tür im alten Schulhaus empfangen, durch welche die Lehrer den damaligen Zweitklässler am 10. November 1938 hinausgewiesen hatten. „Ich habe 62 Jahre lang die Schule geschwänzt“, bemerkte er trocken, zur Freude der Schüler. Auch er stellt in seinen Vorträgen und in seinen Kindheits- und Jugenderinnerungen „Unerwünscht“[208] schonungslos die an den jüdischen Bürgern begangenen Verbrechen dar. Aber auch er weckt dabei keine Rache- und Hassgedanken. Er wirbt für Toleranz und Menschlichkeit. Und er ist der unter den Zeitzeugen, der seinen Zuhörern und Lesern am intensivsten seine tiefe Verbundenheit mit Kippenheim als Heimat[209] vermittelt, die er als einer der letzten verlassen musste. Die Geräusche, die Gerüche, das Essen, die Sprache, die Bilder des Lebens im Dorf und in der jüdischen Gemeinde führt uns Kurt S. Maier vor die Sinne. Er lässt uns an seinen Emotionen teilhaben auch mit dem Hutzelbrot, das Liesel und Marie Göhringer der Familie Maier in den ersten Nachkriegsjahren nach Amerika schickten, oder mit der selbstironischen Feststellung: „Kurtle, do hesch wieder Glick g'habt!" Auch die Frage, die viele der Überlebenden quält, „warum gerade ich?", den „survivors guilt", verarbeitet er auf die ihm ganz eigene Art. Wem Kurt S. Maier die Heimat seiner Kindheit vermittelt – kein anderer Kippenheimer hat sie je so geschildert – mit ihren menschlichen Stärken und Schwächen, der kann den Bruch ahnen, der mit der Nazi-Herrschaft durch das Dorf ging und die Menschen auseinanderriss. Die Fotografien vom 22. Oktober 1940[210] sind einer der unzähligen Belege dafür. *(Siehe dazu Farbfoto Kurt S. Maier mit Schülern 2009 → Seite 86.)*

Inge Auerbacher (1934)*
Inge mit Spielkameradin und Puppe Marlene in Jebenhausen.
Foto Inge Auerbacher, privat

Inge Auerbacher wurde erstmals im August 1998 von der Schule empfangen, in die sie als Kind nicht mehr gehen konnte. Besonders intensiv und bewegend wurde die Begegnung mit den Klassen, die sich mit der Lektüre ihres Buches „Ich bin ein Stern" und einem Briefwechsel mit der Autorin darauf vorbereitet hatten[211]. Das Buch und die persönliche Begegnung mit Frau Auerbacher berühren die Kinder immer wieder tief. „Lebt die Puppe Marlene noch?", fragen sie in der Gesprächsrunde oder in Briefen.

Unermüdlich vermittelt Inge den Kindern und Erwachsenen vieler Länder ihre Botschaft: „Kein Mensch wird zum Hass geboren. Wir sind alle Kinder Gottes." Den Willen zur Toleranz als hohes menschliches Gut will sie in ihren Zuhörern stärken, wenn sie erzählt, wie sie heute in friedlicher Nachbarschaft unter Muslimen, Hindus und Christen wohnt. Und jedes Kind fühlt sich stärker, wenn es, von Inge Auerbacher dazu aufgefordert, ruft: „Ich bin ein Stern!" Die Intentionen einer auf Frieden gerichteten Menschlichkeit verfolgt sie auch mit weiteren Veröffentlichungen wie „Running Against the Wind"[212] und „Children of Terror"[213].

Aus einer im Religionsunterricht des Schuljahres 1995/96 geborenen Idee[214] wurde der Wunsch entwickelt, der Grund- und Hauptschule Kippenheim den Namen „Inge-Auerbacher-Schule" zu geben. Konsultationen mit dem Bürgermeister, den Pfarrern und in einer Arbeitsgruppe mit Gemeinderäten begleiteten einen langen Prozess der Meinungsbildung. Schließlich befürworteten alle Gremien der Schule, Schülerrat, Elternbeirat, Gesamtlehrerkonferenz und Schulkonferenz, den entsprechend Antrag an die Gemeinde. In der sehr ausführlichen Begründung heißt es: „Die Namensgebung könnte die Ideale unserer Verfassung, den Erziehungs- und Bildungsauftrag der Schule und die Geschichte der Gemeinde Kippenheim mit ihrem Ortsteil Schmieheim sinnvoll miteinander verbinden. Der Name Inge Auerbacher erscheint in besonderer Weise geeignet, diese Verknüpfungen herzustellen." Doch dies vermochte die Mehrheit des Gemeinderats nicht zu überzeugen. Im April 2001 lehnte er in nicht öffentlicher Sitzung den Antrag ab, eine Begründung wurde nicht gegeben; auch spätere Vorstöße führten nicht zum Ziel[215].

Im Juli 2001 verlieh der *Deutsch-Israelische Arbeitskreis südlicher Oberrhein* der Grund- und Hauptschule mit Werkrealschule Kippenheim den ersten Inge-Auerbacher-Preis in Würdigung des Bemühens der Schule, „jüdische Geschichte entgegen Ressentiments und Vorbehalten im Bewusstsein der Öffentlichkeit zu halten. Die dabei geleistete Erinnerungs- und Versöhnungsarbeit ist beispielgebend und zukunftsweisend." Durch diese Ehrung ist der Name des letzten in Kippenheim geborenen Kindes auch ohne Namensgebung mit der Schule eng verbunden. Die Auszeichnung ist für die Schule aber auch Verpflichtung in die Zukunft hinein, den Kindern Kippenheims die Ideale der Namensgeberin zu vermitteln.

Wenn Inge Auerbacher heutigen Kindern und Jugendlichen in aller Welt die selbst erlebten Verbrechen Nazi-Deutschlands vermittelt, nimmt sie alle hinein in ihren Aufruf zur menschlichen Gestaltung der Zukunft in Freundschaft: „Ich will befreundet sein mit den Generationen, die nachgekommen sind. Meine Kinder sind die Kinder der Welt!“ Und: „Wir sind alle Kinder Gottes!“[216] *(Siehe dazu Farbfoto Inge Auerbacher mit Schülern der Realschule Breisach 2011 → Seite 87.)*

Anmerkungen

1 Liste A ist bis 1919 durchgängig in deutscher Schrift geführt, ab 1920 teilweise in lateinischer (z. B. die Familiennamen), ab 1934 verwenden einzelne Schreiber die Sütterlin-Schrift. Abweichungen zwischen Liste A und Liste B (außer der großen Differenz der Laufzeiten): Manfred Auerbacher (letzter israelitischer Erstklässler 1938) fehlt in Liste B, Ruth Auerbacher (Einschulungsjahrgang 1935) fehlt dagegen in Liste A. – Der Verfasser dieser Arbeit stellt die Listen gerne in digitalisierter Version, z. B. für Familienforschung zur Verfügung.

2 Der Begriff „Israelitisch“ wird verwendet, soweit sich der badische Staat mit Belangen des Kultus und des Unterrichts befasst, ebenso in den örtlichen Quellen (Schülerlisten der Volksschule, Akten der Gemeinde, Protokolle des Gemeinderats und der Schule Kippenheim).

3 Vorname nach dem Ortssippenbuch Ziff. 7143/7338

4 Das Ortssippenbuch Kippenheim ist teilweise nicht zuverlässig, so sind z. B. in Teil 3. „Die Judengemeinde von Kippenheim“ die Ziffern 7237 bis 7246 doppelt vergeben, entsprechende spätere Verweise und familiäre Verbindungen sind daher nicht nachvollziehbar.

5 Im ersten Jahrzehnt des 19. Jahrhunderts gewann Baden rechtsrheinische Teile der Kurpfalz (Mannheim, Heidelberg), sowie der Bistümer Konstanz, Basel, Straßburg und Speyer, die freien Reichsstädte der Ortenau (Offenburg, Gengenbach, Zell a.H.), große Teile Vorderösterreichs (Freiburg, Konstanz, Breisgau), fürstenbergisches Territorium, Wertheim, und sogar württembergische Gebiete im mittleren Schwarzwald und am Bodensee (Hornberg, Schiltach, Gutach, Stockach).

6 Nach Lexikon Geschichte Baden-Württemberg im Internet: „Die liberalste Verfassung jener Zeit in Deutschland“.

7 Wie gut die Formung dieser „badischen Identität“ gelungen ist, können wir an dem bis heute zelebrierten „badischen Nationalismus“ beobachten, ausgerechnet in den ehedem zu Konstanz und Straßburg gehörenden katholischen Regionen; wenn z. B. bei unterschiedlichsten Gelegenheiten das Badnerlied abgesungen wird. Geschichtliche Ironie im Text des Liedes: *„Der Bauer und der Edelmann, das liebe Militär, die schau'n einander freundlich an, und das ist Badens Ehr.“* und *„In Rastatt ist die Festung, und das ist Badens Glück.“* – Militär und Festung waren in den Revolutionsjahren 1848/49 Instrumente gegen die freiheitlichen Bestrebungen des Volkes. Die *Badische Zeitung* erscheint im ehemals vorderösterreichischen Freiburg. Diese *BZ* spürte gar am 21.07.2017 in ihrer Beilage „Wir sind Baden“ der „Vielfalt der Badenerinnen und Badener nach“, verengte dabei allerdings den Blick ganz auf den Einzugsbereich Südbaden.

8 Befehl-Buch, 6.10.1776

9 125 Jahre Gymnasium Ettenheim, S. 143

10 Lokalgeschichtlich interessant hierbei ist, dass die Ettenheimer ihre neue Schule in Konkurrenz zu der unter Karl Friedrich gegründeten Lateinschule in Mahlberg und schließlich auf deren Kosten durchsetzten, „da diese gegenwärtig nur 6 Schüler zählt und gleichsam sich selbst aufzulösen droht", nach Peter Schaudig: *Von der Höheren Bürgerschule zum Gymnasium (1841–1966),* a.a.O., S. 145ff.

11 Ratsprotokolle, 13.8.1868

12 Becker Josef: *Der badische Kulturkampf.* In: Landeszentrale f. pol. Bildung (Hrsg.): *Badische Geschichte,* Stuttgart 1979, S. 88

13 Ebd., S. 93

14 Nach Schulgeschichte in www.gew-bw.de

15 Die aus Leder gefertigten Schulranzen „mussten" für die Buben eine lange, für die Mädchen eine kurze Klappe haben; auch die Tragriemen liefen anders. „Erbten" jüngere Geschwister den Schulranzen von älteren, wurde er vom Sattler bei Bedarf umgearbeitet.

16 Hierzu das nächste Kapitel.

17 Soweit nicht anders vermerkt, sind die diesem *Befehl-Buch* und den übrigen Quellen entnommenen *wörtlichen Zitate* in kursiver Schrift wiedergegeben und ohne Anführungszeichen in den laufenden Text eingearbeitet.

18 Welch eine Entwicklung von der „Vorzeigung der Sache oder ihres Bildes" zu der Fülle an Medien, die unsern Kindern heute zur Verfügung stehen!

19 *Planiglobium Terrestre Mundis,* von Christopher Weigel, Nürnberg ca. 1720, eine Darstellung der Erde als Weltkarte in zwei Teilen mit den Polregionen als Nebenkarten und allegorischen Darstellungen (nach Wikipedia).

20 Ratsprotokolle, 13.10.1884: *Der Gemeinderat hat gegen die Errichtung einer Kleinkinderbewahranstalt nichts einzuwenden, muss jedoch den Eltern überlassen, für die Aufbringung der Mittel zu sorgen. Die Gemeinde ist z.Zt. nicht in der Lage, die erforderlichen Mittel zur Erstellung eines Lehrsaals zu beschaffen.*

21 Näheres zur israelitischen Schule im nächsten Kapitel.

22 Kath. Pfarrarchiv, April 1864

23 Zell Dr. Karl *Die moderne deutsche Volksschule und die neueste badische Schulgesetzgebung,* Freiburg im Breisgau, Herder'sche Verlagsbuchhandlung 1867, digitalisiert bei *books.google.de*; Auszüge:

Wie aus pädagogischem Standpunkte betrachtet die moderne Volksschule verwerflich ist, (so ist sie) *ebenso wenig mit der Religionsfreiheit vereinbar* (und sie) *ist endlich auch von dem positiv rechtlichen Standpunkte aus zu verwerfen* (und) *nach unsern deutschen Begriffen und Gewohnheiten eine zu große Ausdehnung der Freiheit und der Selbstregierung des Volkes. Keine Regierung* (eines der deutschen Staaten) *hat sich bis jetzt bewogen gefunden, eine so exclusive, ja aggressive Stellung gegen den Antheil der Kirche an der Volksschule zu nehmen, wie die badische Regierung seit 1862.*

Papst Pius IX. erkannte die Rechte und den Bestand der katholischen Kirche in Baden verletzt und bedroht. (Kann) *überhaupt noch von Religionsfreiheit ernstlich die Rede sein?* (Die geplante Schule ist) *eine Mißachtung der christlichen Confessionen, ja fast eine Kriegserklärung. Die Kirchspielschule ist eine Zubehörde, ein Eigenthum der betreffenden Confession.*

„Das Wissenswürdigste aus der Erdkunde, der Naturgeschichte, Naturlehre und Geschichte" als obligate Lehrgegenstände sollten für die einfache Volksschule wegbleiben.

(Zu den) *„Leibesübungen": Bei dem „Turnen" muß man an Barre, Reck, Leiter, Kletterstangen und an den ganzen künstlichen Apparat dieser in ihrer Ausartung theils gefährlichen, theils seiltänzerischen Kunst denken. Aber gar die bäuerliche Jugend, welcher es bei der Arbeit in Haus und Feld doch wahrhaft an körperlicher Bewegung nicht fehlt, zu dem Barrren und Reck und allen damit verbundenen Contorsionen* (= Verrenkungen) *zu treiben, das scheint denn doch eine ungesunde Idee.*

24 Becker a.a.O., s. 89

25 Der Staat griff ein in die wissenschaftliche Ausbildung der Priester und in die Besetzung des Freiburger Bischofsstuhls. Von 1868 bis 1882 blieb dieser unbesetzt und das Bistum wurde von einem Bistumsverweser verwaltet. 1874 wurde fast der gesamte Jahrgang der Jungpriester mit Haft und Geldbußen belegt (nach Becker, a.a.O., S. 89/90).

26 Neue Ordensniederlassungen, vor allem, wenn sie schulischen Zwecken dienen sollten, blieben verboten. Erst gegen Ende des Jahrhunderts wurde Ordensgeistlichen die seelsorgerische Tätigkeit vom Ausland aus erlaubt. Deshalb gingen Hunderte junger Katholiken zur Ausbildung vor allem in Ordenshäuser im Elsass. Erst in den letzten Kriegsmonaten 1918 wurde die Errichtung von Männerklöstern wieder erlaubt. Einen Teilaspekt dieser kulturellen Bewegung über die Grenzen finden wir dargestellt bei Johannes Werner: *Hin und Her, die Orden im Elsass und in Baden vor und nach dem Ersten Weltkrieg.* In: Die Ortenau 2014, S. 29

27 Gemeindearchiv, VI. 2/3 „Baulicher Zustand und Verbesserung der Schulhäuser". Die liberale Lahrer Zeitung/Lahrer Wochenblatt lieferte sich in jenen Jahren mit dem katholischen Lahrer Anzeiger harte Auseinandersetzungen um die badische Kulturpolitik.

28 Tatsächlich hatten die deutschen Bischöfe vor der Entscheidung des 1. Vatikanischen Konzils 1870 dem Dogma von der Unfehlbarkeit heftig widersprochen. Sie reisten angesichts ihrer absehbaren Niederlage vor der Beschlussfassung ab. Aber hinterher wagte keiner der Bischöfe, die neue Lehre nicht anzunehmen. Allein der Rottenburger Bischof Hefele blieb zunächst bei seiner Haltung. Schließlich unterwarf auch er sich „um der Einheit der Kirche willen" mit neunmonatiger Verzögerung.

29 Nach Wikipedia: Albert Förderer, 1828–1889, erster katholischer Stadtpfarrer in Lahr nach der Reformation, Gründer und Redakteur des Lahrer Anzeiger (der widmete sich der Auseinandersetzung zwischen konservativ-katholischen Positionen mit der liberalen Weltanschauung). Am 23.1.1889 wurde er ermordet. Seines sozialen Engagements wegen genoss er in Lahr hohe Achtung.

30 Bis zum Ende der 1950er-Jahre waren „Religionsprüfungen" noch üblich, aber mancherorts zu einem reinen Ritual geworden, in dem die alte „Ortsschulbehörde" weiterlebte. In meinem ersten Dienstjahr 1957/58 erlebte ich selbst eine solche Prüfung in Seelbach: Bürgermeister, Pfarrer, Schulleiter, einzelne Lehrkräfte und Gemeinderäte verfolgten Religionsstunden in zwei ausgewählten Klassen, wovon mit der einen ein einstudiertes Frage- und Antwortspiel vorgeführt wurde, das eher erheiterte als überzeugte. Danach wurde die „Kommission" zu einem Essen auf Gemeindekosten eingeladen.

31 Kath. Pfarrarchiv, Schreiben des Generalvikars Rösch vom 18. September 1937 an die Pfarrämter.

32 Stude Jürgen: *Geschichte der jüdischen Gemeinde Kippenheim.* In: Historischer Verein Mittelbaden – Mitgliedergruppe Ettenheim (Hrsg.): *Schicksal und Geschichte der jüdischen Gemeinden Ettenheim u.a.* (1988/1997), S. 322ff.

33 Stude Jürgen: *Die Baugeschichte der Kippenheimer Synagoge.* In: Schellinger Uwe (Hrsg. im Auftrag des Fördervereins Ehemalige Synagoge Kippenheim e.V.): *Gedächtnis aus Stein, Die Synagoge in Kippenheim 1852–2002,* S. 17. Stude nimmt an, dass für den *Minjan* genügend religionsmündige Männer bereits in den vier für 1684 belegten Haushaltungen der Händler Löw, Hirsch, Joseph und Koppel lebten.

34 Rosenthal Bernd: *Die jüdischen Volksschulen in Baden.* In: Gedenkbuch zum hundertfünfundzwanzigsten Bestehen des Oberrates der Israeliten in Baden (Karlsruhe 1934), S. 129. Bernd Rosenthal, geboren 1875 in Leidolsheim bei Karlsruhe, gestorben 1957 in Omaha USA. In Karlsruhe wurde er zum Volksschullehrer ausgebildet; die badische Regierung versetzte ihn als jungen Lehrer an entfernteste Orte im Land, von Efringen-Kirchen im Markgräflerland bis Adelsheim am Odenwald. Er unterrichtete auch in Friesenheim, ab 1901 am Gymnasium in Mannheim. Am 1. Weltkrieg nahm er als Soldat teil. Ein umfangreiches Schrifttum zeugt von seinem schriftstellerischen Wirken, vor allem zu geschichtlichen und pädagogischen Themen. Auch in jüdischen sozialen Organisationen war er engagiert.1933 jagten ihn die Nationalsozialisten aus dem Dienst. 1940 gelang ihm die Flucht über Portugal zu seinen zwei Töchtern nach New York.

35 Rosenthal Bernd: *Heimatgeschichte der badischen Juden seit ihrem geschichtlichen Auftreten bis zur Gegenwart,* Bühl 1927; Nachdruck Magstadt/Stuttgart 1981. S. 247

36 Rosenthal *Die jüdischen Volksschulen,* a.a.O.; alle in „..." gesetzten Zitate dieses Kapitels sind den Seiten 127 bis 159 entnommen.

37 *Befehl-Buch,* 31.1.1825

38 Nach Wikipedia *Jüdische Elementarschule (Baden)*

39 Rosenthal a.a.O., S. 143, und Wikipedia a.a.O.

40 Erste Kammer: „Vertretungskörperschaft für die Angehörigen der traditionellen Führungsschichten", Zweite Kammer: „die eigentliche Volksvertretung." (nach Gall Lothar: *Gründung und politische Entwicklung des Großherzogtums,* S. 25. In Landeszentrale für politische Bildung (Hrsg.): *Badische Geschichte,* Stuttgart 1979)

41 Dass heute neben Hochdeutsch/Schriftdeutsch der Dialekt verschwindet, sogar als hinderlich für „richtiges" Deutsch angesehen wird, werte ich als Verarmung der Sprachkultur, zumal dann Englisch für viele die allein „nötige" Fremdsprache bleibt.

42 Nach Wikipedia: Naphtali Epstein (1782–1852), Aktuar und Oberratschreiber des Oberrats der Israeliten Badens. Der Erfolg des öffentlichen jüdischen Schulsystems ist ihm zu großen Teilen zu verdanken. Auf sein Wirken geht auch die Gründung des *Naphtali-Epstein-Vereins* zurück, eines Hilfsvereins für israelitische Lehrer in Baden und ihre Hinterbliebenen.

43 Rosenthal a.a.O., S. 154

44 Stude Jürgen: *Baugeschichte der Kippenheimer Synagoge.* a.a.O.S. 25

45 Heidingsfeld argumentierte, die alte Synagoge sei „durchaus nicht geeignet zu einem Schullokal und (stehe) im elendesten Winkel Kippenheims." Siehe Stude *Baugeschichte,* a.a.O., S. 23/24: „Das neue jüdische Schulhaus befand sich im östlichen Bereich der Unteren Hauptstraße (also in der Nähe des späteren Volksschul-Neubaus, kk) und fiel 1876 einem Brand zum Opfer," schreibt Stude in *Geschichte der jüdischen Gemeinde Kippenheim;* a.a.O.S. 333

46 Kneile Heinz (Hrsg. Förderverein Ehemalige Synagoge Kippenheim e.V.): Die Kippenheimer Synagoge. Ein Architekturbeispiel der Großherzoglich Badischen Bauschule. 2014

47 *Befehlbuch*, 25.9.1851 und 12.11.1852

48 Für jüdische Lehrer war das Lied sicher nicht leicht mitzusingen, steht doch in Strophe 4: „das Kreuz hilf selber tragen", in 5: „soweit es christlich ist", in 7: „auf Christi Tod abscheiden."

49 Ratsprotokolle, 15.3.1869. Die „Klasse" bezieht sich auf die von „Ortsklassen" abhängigen Zuschläge zur Lehrerbesoldung, welche z. B. die zwischen Stadt und Land differierenden örtlichen Lebenshaltungskosten ausgleichen sollten. Noch fast 100 Jahre später gehörten differenzierte Ortszuschläge zur Beamtenbesoldung. (In einer Kassenanweisung für die Bezüge des Autors dieser Arbeit von 1962 wurde der Ortszuschlag festgelegt nach „Tarifklasse III, Ortsklasse B, Stufe 1".)

50 www.alemannia-judaica.de

51 Rosenthal a. a. O., S. 153; Heidingsfeld wurde später nach Müllheim versetzt.

52 Gemeindearchiv VI. 2/6: Liebmann kam aus Mannheim und wurde wieder nach dort zurückversetzt; Schleicher ebenfalls aus Mannheim, nach Schmieheim weiterversetzt. Zu Wilmersdorf Näheres im nächsten Kapitel.

53 Alemannia Judaica a. a. O.

54 Das Simultaneum der beiden Konfessionen in der heutigen evangelischen Kirche endete mit der Errichtung eines eigenen neuen Kirchengebäudes durch die katholische Pfarrgemeinde im Jahre 1962.

55 Soweit nicht anders vermerkt, stammen die *wörtlichen Zitate* dieses Kapitel aus den Gemeinderatsprotokollen.

56 In *Der Israelit* nach www.alemannia-judaica.de

57 Die Mutter, Taube Posener, starb 1897, der Vater, Wolf Posner, 1918. Beide sind auf dem jüdischen Friedhof in Schmieheim beerdigt; Schwester Auguste ging in Kippenheim zur Schule (siehe die Liste ISRAELITISCHE KINDER der Volksschule Kippenheim, Anhang 2).

58 Nach Schellinger Uwe: *Wein, Wohltätigkeit und sozialer Aufstieg*. In: Die Ortenau 2005, S. 379 ff.; Die Akten der Stiftungen *Lion-Cerfscher Synagogen- und Armenfonds* sowie *Lion-Cerfscher Witwen- und Armenfonds* warten im Gemeindearchiv Kippenheim noch auf ihre Auswertung.

59 Schellinger, a. a. O., S. 388

60 Stude Jürgen: *Geschichte der jüdischen Gemeinde Kippenheim,* a. a. O., S. 336–347, daraus stammen auch die weiteren Zitate dieses Abschnitts.

61 In *Der Israelit* nach www.alemannia-judaica.de

62 Fortbildungsschule: Vorläufer der heutigen Berufsschulen, 2–3-jährige Pflichtschule, welche bis zur Vollendung des 18. Lebensjahres handwerkliche, land- und hauswirtschaftliche Ausbildungsgänge, aber auch die Fabrikarbeit begleitete; im 19. Jahrhundert noch lange an Sonntagen. Siehe hierzu auch Staudenmeyer, S. 70

63 Für diese neue Form der Schule werden vor allem in den ersten Jahren unterschiedliche Bezeichnungen verwendet: *Communalschule, gemischte Schule, gemeinschaftliche Schule, gemischte Volksschule, Gemeinschaftsschule* (so bei Rosenthal S. 159).

64 Erlass der badischen Regierung vom 24. September 1874. Ein Vordruck des Großherzoglichen Oberschulrats vom 23.09.1874 hierzu (Gemeindearchiv VI. 2/6) betrifft die *Immatriculierung des I. Hauptlehrers an der katholischen Volksschule in Kippenheim zur Schullehrer- Witwen- und Waisenkasse.* Die Schule wird *in die III. Klasse gesetzt* (zur Ortsklasse siehe Anmerkung 49). Die jährlichen Einkünfte umfassten

an festem Gehalt 960 Mark oder 360 fl. (Gulden) *0 kr.* (Kreuzer), *garantirtem Schulgeld 180 Mark oder 105 fl. 0 kr.* (von den Eltern aufzubringen?), *an Wohnungszuschlag 160 Mark oder 93 fl. 20 kr.; zusammen 1300 Mark oder 758 fl. 20 kr.* Davon waren 2½ % an den *Schullehrer-Witwen- und Waisenfonds* abzuführen.

65 Gemeindearchiv VI. 2/8: Visitationsbericht vom 31.12.1875 zur Prüfung vom 10.09.1875

66 Gemeindearchiv VI. 2/6, Vorgänge vom 06.10.1874 bis 1.4.1875

67 Ebd., 12.10.1874. Im Schreiben des Gemeinderats wird Wilmersdorf grob abqualifiziert. Er habe sich *durch sein abstoßendes Benehmen, schlechte Disziplin und geringe Leistungen Unzufriedenheit und Mißtrauen zugezogen.* Die Versetzung an eine andere Volksschule werde *auch theilweise von Seiten seiner eigenen Glaubensgenossen* gewünscht.

68 Ratsprotokolle, 14.01.1875

69 Gemeindearchiv VI. 2/6, 13.04.1877.

70 Gemeindearchiv VI. 2/10, 15.6.1878.

71 Gemeindearchiv VI. 2/10, 21.7.1884.

72 Ratsprotokolle, 3.7.1891

73 Weiteres zum Schulbau und zur Schulgeschichte in *100 Jahre Altes Schulhaus Kippenheim.*

74 Stude, a.a.O., S. 336

75 www.alemannia-jdaica.de

76 Ebd.

77 Ein Denkmal auf dem jüdischen Friedhof in Schmieheim erinnert an die Kriegsopfer aus den Verbandsgemeinden.

78 Noch im Konzentrationslager Theresienstadt hoffte die Familie Auerbacher, dass sie wegen der Teilnahme des Vaters im Ersten Weltkrieg und seiner Verwundung von der Todesmaschinerie der Nazis verschont werden könnte.

79 *100 Jahre Altes Schulhaus Kippenheim.* Jubiläumsschrift der Schule 1992 S. 21

80 Ebd., S. 37/38: Nach Aufhebung der Eigenständigkeit der Schmieheimer Schule zählen auch die dortigen Grundschüler ab 1976 in der Statistik der Schule Kippenheim.

81 Ebd., S. 21/22

82 Henschke Erich: *Aus der Geschichte der evangelischen Pfarrgemeinde Kippenheim.* In: Gemeinde Kippenheim (Hrsg.): *1200 Jahre Kippenheim,* Festschrift 1963; S. 57.

83 Henschke, a.a.O., S. 58

84 Stude a.a.O., S. 336

85 Für die Jahre 1904 bis 1914 fehlen die nötigen Anmerkungen in Liste A ganz.

86 Kath. Pfarrarchiv, 24.3.1938. Wer diese fünf Kinder waren, geht aus den Listen der Schule nicht klar hervor: In Liste A sind für den 11.2.1938 Margot Wertheimer und für den 1.10.1938 Manfred Auerbacher als Abgänge vermerkt, die Brüder Maier am 10.11.1938 als „ausgeschlossen“ (siehe hierzu die Liste „Die Israelitischen Kinder der Volksschule Kippenheim.)

87 Stude a.a.O., S. 322

88 Schellinger Uwe: *Der Kippenheimer Höfer-Fund, Quellen zur Sozial- und Wirtschaftsgeschichte des Ortenauer Landjudentums im 19. Jahrhundert.* In: Die Ortenau 2007, S. 463ff. Schellinger beschreibt darin die auf dem Dachboden der heutigen Metzgerei Höfer gefundenen Archivalien zur Geschichte der Familie Weyl/Weil/Weill

89 Kurt Weill, * Dessau 2. März 1900, † New York 3. April 1950

90 Schellinger Uwe: *Wein, Wohltätigkeit und sozialer Aufstieg. Die Geschichte der jüdischen Familie Durlacher.* In: Die Ortenau 2005. Die Durlacher stehen danach „für das Meistern neuer Herausforderungen in der Folge der Emanzipationsgesetze"; bis zum Ende des 19. Jahrhunderts war der stärkste Teil des Stammes nach Hamburg bzw. England ausgewandert (S. 384). Die in Kippenheim Verbliebenen fielen ausnahmslos dem Naziterror zum Opfer.

91 Maier Kurt Salomon: *Unerwünscht, Kindheits- und Jugenderinnerungen eines jüdischen Kippenheimers,* verlag regionalkultur, Ubstadt-Weiher, 2011, S. 61

92 Heizmann Wolfgang: *Jüdische Schüler am Gymnasium Ettenheim 1841–1939.* In: Historischer Verein Mittelbaden – Mitgliedergruppe Ettenheim (Hrsg.): *Schicksal und Geschichte der jüdischen Gemeinden Ettenheim u. a.* (1988/1997), S. 215 ff.

93 Uttenweiler Bernhard: *Die jüdische Bevölkerung in Ettenheim und Umgebung im Spiegel der Ettenheimer Zeitung.* In: Historischer Verein Mittelbaden – Mitgliedergruppe Ettenheim (Hrsg.): *Schicksal und Geschichte der jüdischen Gemeinden Ettenheim u. a.,* S. 231. Dass ein Drittel der Schülerschaft des Ettenheimer Gymnasiums aus den jüdischen Gemeinden ringsum kam, belegt, wie bildungsbeflissen die jüdischen Eltern waren.

94 125 Jahre Gymnasium Ettenheim, S. 209 ff.

95 Nach Wikipedia, „Einjähriges": Eine verkürzte Form des Wehrdienstes (möglich nach Klasse 10, v. a. der Gymnasien). Der Einjährig-Freiwillige diente nur ein Jahr statt der sonst üblichen zwei oder drei Jahre, musste sich aber auf eigene Kosten ausrüsten und versorgen.

96 Nowack Martha: *Die Kippenheimer Schule während des Nationalsozialismus.* In: *100 Jahre Altes Schulhaus Kippenheim.* Jubiläumsschrift der Schule 1992, S. 27/28

97 Maier a. a. O., S. 65–66

98 Uttenweiler Bernhard: *Erich Valfer, Ein junger Mann muss seine Heimat aufgeben.* In: Historischer Verein Mittelbaden – Mitgliedergruppe Ettenheim (Hrsg.): *Schicksal und Geschichte der jüdischen Gemeinden Ettenheim u. a.* (1988/1997), S. 365

99 Das Realgymnasium Ettenheim trug während des „Dritten Reichs" den Namen von Johann Fischart, nach Wikipedia ein frühneuhochdeutscher Schriftsteller in Straßburg, 16. Jahrhundert, Meister der Wortspielkunst und Worterfindungen; bekanntestes Werk: *Affentheurliche Naupengeheurliche Geschichtklitterung.*

100 Epstein Hedy: *Erinnern ist nicht genug,* UNRAST-Verlag, Münster, 1999, S. 22 ff.

101 Maier, a. a. O., S. 67; Postmeister Camill Link wird uns im Kapitel „Im Geiste der nationalen Erhebung" wieder begegnen.

102 Epstein, a. a. O., S. 32 ff.

103 Kippenheimer Chronik 1998, S. 77 ff. Die gesamte „Bergpredigt" einschließlich des Textes vom „Kippenheimer Lied" und weitere Liedtexte sind in Anhang 3 wiedergegeben, die Melodie in Anhang 4.

104 „Dirnle" (mundartliche Form von „Türmle"); das auf einer kleinen Anhöhe am südlichen Ortsausgang von Kippenheim stehende *Denkmal unseres Landsmannes Georg Stulz, der als Schneider fortgegangen und als Millionär wiedergekommen ist,* so Pfarrer Kaiser. Inge Auerbacher wurde im selben Haus wie Georg Stulz in der Poststraße geboren.

105 Ratsprotokolle 1930–1935; ab dem 24.4.1933 (TOP 658 „Durchführung des Gleichstellungsgesetzes") erscheint das Protokollbuch nicht mehr als zuverlässige Quelle der kommunalpolitischen Entscheidungen.

106 Das gemeinnützige Sozialunternehmen St. Joseph, Herten im Dreiländereck, gegründet durch den Hertener Pfarrer Karl Rolfus, „begleitet bis heute – vom Geist christlicher Nächstenliebe geprägt – alte und behinderte Menschen auf ihrem Lebensweg".

107 Kippenheimer Chronik 1998, S. 77. Siehe auch Anhang 3.

108 Bei Inge Auerbachers erstem Besuch in der Grund- und Hauptschule mit Werkrealschule Kippenheim, Juli 1998

109 Dokumentarfilm von Evelyne Dreyfus „Die Fantome von Kippenheim" (Les fantômes de Kippenheim); der Film entstand beim Besuch der ehemaligen Kippenheimer im Jahre 2003. Die Badische Zeitung schreibt dazu am 9.9.2013: „Evelyne Dreyfus beleuchtet dabei aus ihrer Sicht als Französin und Jüdin mit Vorfahren aus Altdorf das Zusammentreffen der ehemaligen jüdischen Bürger mit den in Kippenheim lebenden Menschen. Dabei wird die ambivalente Spannung zwischen Erinnerung und Gegenwart, zwischen Verlegenheit und Wiedersehensfreude, zwischen Hass und Versöhnung, zwischen Reden und Schweigen in Wort und Bild erlebbar als einzigartiges Dokument dafür, wie eine kleine Gemeinde sich ihrer Geschichte stellt. Kippenheim hat sich neben den zwei Einladungen (1990 und 2003) an seine ehemaligen jüdischen Bürger auch in vielen anderen Bereichen als außergewöhnlich vorbildlich im Aufarbeiten seiner Geschichte der Schoah bewiesen."

110 Siehe hierzu auch Kippenheimer Chronik 2003, SS. 41, 69, 71. In der Liste DIE ISRAELITISCHEN KINDER der Volksschule Kippenheim sind die Teilnehmer dieser Begegnung mit „**2003**" gekennzeichnet

111 Uttenweiler: *Erich Valfer,* a. a. O., S. 367

112 *S.K.H.* = Seiner Königlichen Hoheit

113 Bis zur Einführung der Grund- und Hauptschulen 1966/67 standen für Deutsch noch Teilnoten in den Zeugnissen der Volksschulen.

114 Laut Liste A: Joseph Wertheimer, Kleiderfabrikant und Gemeinderat, Vater von Elise, Gerda und Frieda W., siehe hierzu Anhang 2 DIE ISRAELITISCHEN KINDER der Volksschule Kippenheim.

115 Laut Liste A: Samuel Wertheimer Zacharias Sohn, Fruchthändler (seine Unterschrift im Protokollbuch deute ich als „S Wertheimer Zach S"), Vater von Betty, Siegfried Salomon und Selma W., siehe Anhang 2 DIE ISRAELITISCHEN KINDER der Volksschule Kippenheim.

116 Laut Liste A: Max Auerbacher, Handelsmann. Er ist 1937 in die USA ausgewandert, Vater von Betty und Lore A., siehe Anhang 2 DIE ISRAELITISCHEN KINDER der Volksschule Kippenheim.

117 Schulprotokolle, April 1895

118 Der Verbrauch und der Rest der 48 (später 56) Ferientage wurden abgerechnet. Noch bis Ende der 1950er-Jahre kam es auf dem Dorf vor, dass der Bürgermeister in der Schule erschien und für den nächsten Tag Heuferien anordnete, die zwei Tage später wegen schlechten Wetters auch wieder abgebrochen und bei Sonnenschein fortgesetzt werden konnten (z. B. 1958 in Dundenheim, kk).

119 Schulprotokolle, April 1922; bei der Kreisbildstelle konnte man auf schriftlichem Wege Unterrichtsfilme (große Filmrollen in Blechdosen) bestellen, die dann per Post zugestellt und zurückgeschickt wurden. Die Lehrer mussten also den Einsatz des Filmes Wochen zuvor planen. (Ich erinnere mich, wie sehr mich der Film „Stadtmaus und Feldmaus" in einem meiner ersten Schuljahre, etwa 1944, beeindruckte, kk)

120 Schulprotokolle, Oktober 1919: 45 Bewerbungen
121 Wannen- und Duschbäder zur Förderung der Volkshygiene, meist in Untergeschossen der Volksschulen eingerichtet, waren bis in die 1950er-Jahre noch rege besucht. Denn die wenigsten der Haushalte, in denen mehr Personen als heute meist beengt wohnten, verfügten über ein Bad.
122 Schulprotokolle, November 1929
123 Ratsprotokolle 1861–1893
124 Weiteres zu „Besetzungen der Lehrerstellen" in *100 Jahre Altes Schulhaus Kippenheim*, S. 15 u. 20
125 Ebd., Foto S. 44. Kurt S. Maier (a.a.O., S. 66) setzt seiner Lehrerin Trabold, die ihn mehr als 20 Jahre später als Erst- und Zweitklässler unterrichtete, ein kleines Denkmal der Zuneigung: Ihre „goldenen Sternlein" machten ihn stolz auf seine schöne Schrift.
126 Abbildung in: *100 Jahre Altes Schulhaus Kippenheim*. Jubiläumsschrift der Schule 1992 S. 26
127 Gottfried Schwab, Kantor der Synagoge Kippenheim, → Foto im nächsten Kapitel (aus Maier a.a.O., S. 30)
128 Schriftliche Mitteilung des Stadtarchivs Mannheim vom 21.11.2013 an den Autor: Zimmern zog – wohl zusammen mit der Familie seiner Tochter Klothilde (verh. Guggenheim) – 1927 nach Mannheim-Seckenheim und wohnte dort bis zu seinem Tode im Haus des andern Schwiegersohnes Jakob Marx.
129 Gemeindearchiv VI. 2/1, 28.7.1922
130 Stude schreibt unter Berufung auf *Jüdisches Gemeindeblatt für Baden* vom 16.9.1937. in *Geschichte der jüdischen Gemeinde Kippenheim*, a.a.O., S. 348: „Dass nicht alle Kippenheimer die Haltung des Gemeinderats teilten, zeigte sich bei der Bestattung des jüdischen Oberlehrers Hermann Zimmern am 24.1.1937, an der viele Christen ihrem Lehrer das letzte Geleit gaben."
131 Grabstellen 29a/29b in Reihe 62 des Schmieheimer Friedhofs, siehe Bamberger *Memor-Buch.*
132 Siehe hierzu die Anmerkungen in der letzten Spalte in DIE ISRAELITISCHEN KINDER der Volksschule Kippenheim (Anhang 2). Über das Schicksal von Hermann Zimmerns Sohn Hugo (* 10.1.1891, Schüler der Volksschule Kippenheim und des Gymnasiums Ettenheim) habe ich keine Kenntnisse.
133 Den Grund hierfür finden wir in Schäfers Abschrift eines Berichts des Kreisschulamtes Emmendingen in den Schulprotokollen; davon ein Auszug: *Zur Geschäftsordnung der Ortsschulbehörde bemerken wir, daß in das ‚Verhandlungsbuch für Schulsachen´ nur die in den geordneten Sitzungen der Ortsschulbehörde gefaßten Beschlüsse einzutragen sind.*
134 Bis dahin wurden die meisten handschriftlichen Texte in der Deutschen Kurrentschrift verfasst; viele Schreiber beherrschten daneben auch die Lateinische, welche für Namen, wissenschaftliche Begriffe und Fremdwörter, sowie für Unterschriften benutzt wurde. 10 Jahre später ist die Sütterlinschrift schon wieder per Anordnung aus Berlin durch die Lateinische Schrift abgelöst.
135 Als Schulleiter in Kippenheim (Februar 1994 bis Juli 2001) fand ich auch keinerlei sonstige Schulakten zu Vorgängen während der Zeit des Nationalsozialismus. Auch an der Grund- und Hauptschule Münchweier (hier war ich Schuleiter von 1973 bis 1994) waren alle Schulakten aus dem „Dritten Reich" verschwunden.
136 Gemeinrats-Beschlußbuch 1930–1935 und Sitzungsbuch 1935–1945

137 Die Ablagen der Verwaltung im Gemeindearchiv enthalten i. d. R. die mit Kohlepaper gefertigten Durchschläge der Originale auf dünnem Durchschlagspaper, ohne Unterschrift und Namen des Unterzeichners.

138 Bis in die 1970er-Jahre waren „Wurst und Weck" bei Schulfesten ein Zeichen der Fürsorge der Gemeinde für die Schulkinder.

139 Es ist anzunehmen, dass es sich bei der *von Oberlehrer Schäfer beantragten, für die Volksschule vorgeschriebenen Fahne* um die Hakenkreuzfahne handelt. Allerdings schreibt M. Nowack, dass Lehrer Schäfer bald von Kippenheim wegversetzt wurde, da er sich beim „Zentrum" politisch betätigt hatte (Nowack: *Die Kippenheimer Schule während des Nationalsozialismus.* In: *100 Jahre Altes Schulhaus Kippenheim.* Jubiläumsschrift der Schule 1992).

140 Nähschule der katholischen Schwestern.

141 SA = Sturmabteilung, SS = Schutzstaffel, Stahlhelm = Bund der Frontsoldaten.

142 Wikipedia: Gleichschaltung (zwei Gleichschaltungsgesetze vom 31. März und vom 7. April 1933) ist ein Begriff, der der nationalsozialistischen Terminologie entstammt. Das Wort entstand 1933, als der Prozess der Vereinheitlichung des gesamten gesellschaftlichen und politischen Lebens – also des öffentlichen und privaten – in der Machteroberungsphase in Deutschland eingeleitet wurde. Ziel war es, bis 1934 den als Zerrissenheit verstandenen Pluralismus in Staat und Gesellschaft aufzuheben.

143 Ratsprotokolle 1930–1935, 13.7.1933.

144 Für die Jugend waren jetzt allein die nationalsozialistischen Organisationen zugelassen und verpflichtend: BDM = Bund Deutscher Mädchen, DJ = Deutsches Jungvolk für 10- bis 14-jährige, HJ = Hitlerjugend für 14- bis 18-jährige Jungen.

145 Hierzu schreibt Martha Nowack: „Eine mir vertraute Parole lautete: ‚Deutschland erwache´ – der Nachsatz ‚Hitler verkrache´ belegte, dass nicht alle Mitbürgerinnen und Mitbürger sich von Hitler beeinflussen ließen. Einer dieser Männer war mein Vater August Nowack. Er wurde von seinem Amt als Gemeinderat enthoben und in einem Pamphlet übel verleumdet. Nowack Martha: *Die Kippenheimer Schule während des Nationalsozialismus.* In: *100 Jahre Altes Schulhaus Kippenheim.* Jubiläumsschrift der Schule 1992, S. 27

146 Siehe Literaturliste und nächstes Kapitel.

147 In den Ratsprotokollen 1930–1935 die Einträge vom 8.10.1933 bis 25.3.1935.

148 Es ist anzunehmen, dass es sich dabei um die Lieferung von Lebensmitteln des von den Geschwistern Alfred und Theres Dorner betriebenen Geschäftes handelt (Auskunft von Hans Peter Hoch, 23.1.2015)

149 Dieses „Niederschriftsbuch" enthält für jede Sitzung auf verschiedenfarbigen Blättern je einen Vordruck für den Sitzungsverlauf und einen für die danach getroffenen „Entschließungen" des Bürgermeisters, die i. d. R. wörtlich den Text der Niederschrift wiederholen.

150 Nach Wikipedia: Heinrich Friedrich Karl Reichsfreiherr vom und zum Stein, als Staatsminister einer der Hauptbetreiber der preußischen Reformen in der napoleonischen Zeit. Zu deren Ideen gehörten z. B. die Aufhebung der Leibeigenschaft sowie Subsidiarität, Dezentralisation und kollegiale Führung in der Selbstverwaltung, wie auch die Ablehnung des zentralisierten und bürokratischen Staates. Die im Vorwort des „Niederschriftsbuches" zitierten angeblichen Ideen Steins von der *Belebung des Gemeingeistes und des Bürgersinns, dem Einklang zwischen dem Geist*

der Nation, ihren Ansichten und Bedürfnissen und denen der Staatsbehörden, der Wiederbelebung der Gefühle für Vaterland, Selbständigkeit und Nationalehre waren – so er die Ideen überhaupt geäußert hat – ganz sicher nicht auf den „Volksgenossen" im nationalsozialistischen oder gar rassistischen Sinn gerichtet, sondern eher auf Adel und Bürgertum in Loyalität zum Monarchen.

151 Eine Ausnahme bildet das Sitzungsjahr April 1943 bis März 1944 mit 17 Sitzungen. Der vom Ratschreiber zum Bürgermeister avancierte Otto Buggle wollte damit wohl Versäumnisse seines Vorgängers Spielmann ausgleichen.

152 N.S.K.O.V. = Nationalsozialistische Kriegsopferversorgung.

153 NSV = Nationalsozialistische Volksfürsorge (statt der verbotenen Sozialverbände wie Caritas, Innere Mission, DRK).

154 Zu vermuten ist, dass Buggle formal als Beamter in den „Reichsjustizdienst" übernommen wurde, um damit eine wichtige Voraussetzung für den Machtwechsel im Kippenheimer Rathaus zu schaffen. Buggle erfüllte damit die Bedingungen des Gesetzes zur Wiederherstellung des Berufsbeamtentums.

155 Das jahrelange unwürdige Gerangel um die beiden Gebäude samt Grundstück ist ausführlich dargestellt in Schellinger Uwe: *Das Prinzip Nützlichkeit: Ausplünderung, „Verwertung" und Profanisierung der Kippenheimer Synagoge 1938 bis 1956.* In Förderverein Ehemalige Synagoge Kippenheim e. V./Uwe Schellinger (Hrsg.): *Gedächtnis aus Stein, Die Synagoge Kippenheim 1852–2002*, verlag regionalkultur Heidelberg 2002.

156 Das Kreisschulamt Emmendingen war bis zur baden-württembergischen Kreisreform 1973 auch zuständig für die Gemeinden des Landkreises Lahr bis hin nach Dundenheim.

157 Die Vorgänge um diese Stellenbesetzung nach Gemeindearchiv: VI. 2/6, 25.10. bis 4.11.1933.

158 Gemeint ist die Ernennung Hitlers zum Reichskanzler am 30.01.1933

159 Gemeindearchiv: VI. 2/6, 06.11.1933; erst 1937 wurde Gallus Parteimitglied.

160 In *100 Jahre altes Schulhaus Kippenheim* lesen wir: *Die „Ära Gallus", die am 1. Dezember 1933 begann, wurde durch den zweiten Weltkrieg unterbrochen. Franz Gallus diente als Offizier und kehrte erst 1946 in sein Amt zurück, das er dann bis 1956 bekleidete. Zwischenzeitlich – immerhin fünf Jahre – leitete Fritz Krämer die Schule in Kippenheim.*
Ein Schreiben vom 11.08.1947 an den Gemeinderat wirft ein Licht auf die Nachkriegsverhältnisse und auf das damals zwischen Rathaus und Schule herrschende Klima: Oberlehrer Gallus beschwert sich bitter, dass anlässlich der von Schulamt und Ministerium angeordneten *Heilkräutersammlung* durch die Schulkinder, *ohne vorherige Anhörung der Schulleitung, schon zum zweiten Mal entstellte Tatsachen von Mitgliedern im Gemeinderat vorgebracht und dort behandelt wurden.* Es sei gefragt worden, *ob Schwarzhandel mit den Blättern betrieben wird und wo das Geld hinkomme.* Gallus sieht sich genötigt festzustellen, dass *kein Kind wegen der Heilkräutersammlung gezüchtigt wurde und dass keines deswegen zittere vor Angst.* Auch in dem Bericht zur Religionsprüfung vom März 1938 wird Gallus erwähnt (Kapitel „Mit aller Kraft ...").

161 Gemeindearchiv: VI. 2/6, Oktober/November 1939.

162 Stude Jürgen: *Geschichte der jüdischen Gemeinde Kippenheim,* a. a. O. S. 347/348.

163 Gemeindearchiv: IV. Behandlung der Judenfrage in Kippenheim, 1934–1936.

164 Ebd., 8.4.1935, „Antrag auf Zuzugsperre für Juden". Zur Aufforderung des Bezirksamtes Lahr, diesen Beschluss zurückzunehmen, siehe Stude, a. a. O., S. 347.

165 Ebd., 20.4.1935
166 Siehe hierzu das Kapitel „Das Kippenheimer Lied".
167 Über Auswanderung und Emigrationsziele der Kippenheimer Juden: Stude, a. a. O., S. 355–357.
168 Gemeindearchiv XVI. Judenkartei; Auswanderung von Juden.
169 Vater von Stefan/Steff Wertheimer (*16.7.1926).
170 Gemeindearchiv XVI., handschriftliche Auflistung als Anlage zum Schreiben vom 5.8.37.
171 Ob eher von „Flucht" oder von „Auswanderung" zu sprechen ist, bewertet Erich Valfer so: „Die Auswanderung war keine Flucht. Hitlers ‚Mein Kampf', die Rassenlehre in der Schule, haben mich zur Überzeugung gebracht, dass es für einen Juden keinen andern Weg des Überlebens gibt, als das Verlassen Deutschlands." (Aus Valfers Schreiben vom 30.3.1987 an das Institut für Zeitgeschichte München. Nach Uttenweiler Bernd, *Erich Valfer,* a. a. O., S. 366).
172 Staudenmeyer, S. 99, leider ohne Namen und ohne Nennung seiner Quellen.
173 Gemeindearchiv: Heft ohne Aktenziffer oder Stichwort, abgelegt bei IV-1/8.
174 Alle Juden sind inzwischen gezwungen, ihrem Vornamen „Israel" bzw. „Sara" hinzuzufügen.
175 Der Zweite Weltkrieg hatte begonnen, die Lebensmittel waren rationiert.
176 Maier, a. a. O., S. 70.
177 Nach den durch Norbert Klein aus den Dachauer Eingangsbüchern erarbeiteten Zusammenstellungen wurden von den in der Liste DIE ISRAELITISCHEN KINDER der Volksschule Kippenheim Erfassten (Ziffer dieser Liste) von hier aus deportiert: Salomon Auerbacher (4.), Salomon Auerbacher (8.), Berthold Auerbacher (26.), Siegfried Maier (92.), Julius Isidor Maier (96.), Karl Valfer (113.), Hugo Wachenheimer (120.), Oskar Wachenheimer (123.), Ludwig Weil (129.), Hermann Wertheimer (153.), Heinrich Wertheimer (197.), Leo Wertheimer (198.), Heinrich/Heinz Wertheimer (199.), Kurt Nathan Wertheimer (204.), aus Freiburg: Julius Weil (130.), aus Konstanz: Hugo Weil (135.).
178 Epstein, a. a. O., S. 41 ff.
179 Ebd., S. 110/111.
180 Maier, a. a. O., S. 70/71.
181 Auerbacher, Inge: *Ich bin ein Stern,* Gulliver Taschenbuch 136.
182 Gemeindearchiv, Heft ohne Aktenziffer bei IV-1/8.
183 Maier, a. a. O., S. 80/81, die folgenden Ereignisse ebd., S. 72–98.
184 Ebd., S. 80.
185 Maier, a. a. O., S. 72.
186 Stude Jürgen, *Die Gedenktafel für die Kippenheimer Opfer des Nationalsozialismus.* In: Geroldsecker Land, 42/2000, S. 64 ff.
187 Inge Auerbachers Buch eignet sich sehr gut als Klassenlektüre, vor allem für die Klassen 5 und 6, aber auch für die Grundschule, in anderer didaktischer Aufbereitung auch für höhere Klassenstufen.
188 Meine Zahlen beziehen sich auf Anhang 2 DIE ISRAELITISCHEN KINDER der Volksschule Kippenheim. Stude (in *Geschichte der jüdischen Gemeinde Kippenheim,* a. a. O., S. 360) rechnet, dass von den 144 am 30.1.1933 in Kippenheim lebenden jüdischen Mitbürgern 113 überlebten, 31 fielen demnach dem NS-Terror zum Opfer.
189 Siehe hierzu das Kapitel „Das Kippenheimer Lied" und Endnote 135.
190 Gemeindearchiv VI. 2/14, 1.8.1945.

191 Laut Gemeindearchiv VI. 2/14, 3.2.1948, waren folgende Lehrer aus dem Elsass nach Kippenheim abgeordnet: Alfred Scheck aus Colmar (April 1941 bis Juli 1943), Albert Haller aus Felleringen (März bis Mai 1944), Heinrich Kappel aus Altweiler (Mai 1944).

192 Gemeindearchiv VI. 2/1, 25.4.1946–3.4.1947; Kommentar der Zweigstelle Lahr der badischen Landesstelle für die Betreuung der Opfer des Nationalsozialismus: *Sie haben damit* (mit der Anstellung von Andreas Fuchs) *in ihrer Gemeinde auch ein Opfer des Nazismus untergebracht.* Mit ihm und dem ehemaligen 1. Ratschreiber und Gemeinderat Wilhelm Fuchs (siehe das Kapitel „Im Geiste der nationalen Erhebung") kennen wir zwei der dem Naziregime Widerstehenden aus der Fuchs-Verwandtschaft.

193 *1200 Jahre Kippenheim, 20. – 23. September 1963*

194 Siehe hierzu Anmerkung 109.

195 Hierzu vor allem Schellinger Uwe (Hrsg. i.A. des Fördervereins Ehemalige Synagoge Kippenheim): *Gedächtnis aus Stein- Die Synagoge Kippenheim 1852–2002.* verlag regionalkultur (Heidelberg 2002).

196 Stude Jürgen: *Die Gedenktafel für die jüdischen Opfer der nationalsozialistischen Verfolgung in der Ehemaligen Synagoge.* In Kippenheimer Chronik 1998, S. 72/73.

197 Schellinger Uwe (Hrsg. i.A. des Fördervereins Ehemalige Synagoge Kippenheim): *Gedächtnis aus Stein- Die Synagoge Kippenheim 1852–2002.* verlag regionalkultur (Heidelberg 2002), S. 145.

198 Uttenweiler Bernd: *Vorgänge im Realgymnasium Ettenheim im Jahre 1935.* In: Historischer Verein Mittelbaden – Mitgliedergruppe Ettenheim (Hrsg.): *Schicksal und Geschichte der jüdischen Gemeinden Ettenheim u.a.*, S. 227.

199 Uttenweiler Bernd, *Erich Valfer,* a.a.O., S. 365.

200 Schellinger a.a.O., S. 160.

201 Uttenweiler a.a.O., S. 366/367.

202 Epstein, a.a.O., S. 137.

203 Badische Zeitung vom 8.10.1997.

204 Hedy Epstein betont ausdrücklich, dass dieses „nicht genug" im Titel ihrer Autobiographie über die bloße Erinnerung hinaus konsequent weiter führen will in die Gegenwart: Vom Holocaust zur Verteidigung der Menschenrechten heute. A.a.O., S. 283ff.

205 Epstein, a.a.O., S. 284

206 SPIEGEL-ONLINE-Video vom 19.8.2014.

207 Ausführliche Berichte zum Tod Hedys erschienen in der Badischen Zeitung vom 31.05.2016 auf der Seite *Land und Region* und im Lokalteil *Ettenheim.*

208 Maier. a.a.O.

209 In einem Brief vom 27.12.2014 an den Autor dieser Arbeit schreibt Kurt S. Maier: „Ich lebe immer noch im Kippenheim der 30er Jahre."

210 Aufnahmen von der Deportation am 22.10.1940 durch Wilhelm Fischer. In Maier, a.a.O., S. 82.

211 Badische Zeitung vom 27.3.1998, 14.7.1998 und „Aufbau, Jüdisches Leben in Amerika" vom 14.8.1998.

212 „Running Against the Wind", 2000 in den USA erschienen, erzählt von farbigen Zwillingsmädchen, die als erfolgreiche Sportlerinnen dem Rassismus der 1960er-Jahre trotzen.

213 Auerbacher Inge und Urbanowicz Gilbridge Bozena, deutschsprachige Ausgabe: „Verlorene Kindheit 1938–1945". chemnitzerverlag 2012. Das Buch erzählt paral-

lel das Schicksal Inge Auerbachers und das der Mitautorin, die in Polen geboren wurde und während des Krieges mit ihrer Familie zur Zwangsarbeit nach Deutschland verschleppt war.

214 Kollege Klaus Fuchs, selbst als Kippenheimer geboren, trug den Gedanken an mich heran.

215 Die Entscheidungen fielen in nichtöffentlichen Sitzungen des Gemeinderats; die Schule erhielt dabei nicht die Möglichkeit, ihr Anliegen zu vertreten. Begründungen der Ablehnung wurden nicht bekannt. Die vollständige Dokumentation des Vorgangs liegt, soweit er öffentlich war, beim Förderverein Ehemalige Synagoge Kippenheim und beim Autor dieser Arbeit.

216 Inge Auerbacher am 27. März 2014 zu Schülern in Freiburg.

Literatur

Auerbacher Inge: Ich bin ein Stern. Gulliver-Taschenbuch 949, Beltz & Gelberg (1992)

Bamberger Naftali Bar Giora: *Der jüdische Friedhof in Schmieheim – Memor-Buch.* Gemeinde Kippenheim (Hrsg.), 2 Bände. Gulde-Druck GmbH, (Tübingen 1999)

Becker Josef: *Der badische Kulturkampf.* In: Badische Geschichte, Landeszentrale für politische Bildung Baden-Württemberg. Theiss-Verlag (1979)

Epstein Hedy: Erinnern ist nicht genug, Autobiographie. UNRAST-Verlag (Münster 1999)

Gymnasium Ettenheim: 125 Jahre Gymnasium Ettenheim, Festschrift 1966

Historischer Verein für Mittelbaden: *Die Ortenau,* Jahresbände

Historischer Verein für Mittelbaden – Mitgliedergruppe Ettenheim (Hrsg.): *Schicksal und Geschichte der jüdischen Gemeinden Ettenheim u. a.* (Ettenheim 1988/1997)

Gemeinde Kippenheim: *Kippenheimer Chronik, Beiträge zu Zeitgeschichte und Ortsgeschichte von Kippenheim und Schmieheim,* Jahresbände 1978–2012

Förderverein Ehemalige Synagoge Kippenheim/Uwe Schellinger (Hrsg.): *Gedächtnis aus Stein, Die Synagoge Kippenheim 1852–2002,* verlag regionalkultur (Heidelberg 2002)

Köbele Albert u. a.: Ortssippenbuch Kippenheim (1969)

Rosenthal Berthold: *Die jüdischen Volksschulen in Baden.* In: Gedenkbuch zum hundertfünfundzwanzigsten Bestehen des Oberrates der Israeliten Badens (Karlsruhe 1934)

Maier Kurt Salomon: *Unerwünscht, Kindheitserinnerungen eines jüdischen Kippenheimers.* Evangelische Landeskirche Baden (Hrsg.). verlag regionalkultur (Heidelberg 2011)

Schule Kippenheim: *100 Jahre Altes Schulhaus Kippenheim,* Festschrift 1992

Staudenmeyer Walter: *Ein Streifzug durch die Geschichte von A bis Z (Kippenheim, Schmieheim).* Hrsg. Gemeinde Kippenheim 1992

Quellen

Nr.	Quelle	Kurzform
1.	**Schülerliste der Volksschule Kippenheim 1886–1956** Liste A enthält alle Kinder der Einschulungsjahre 1886 bis 1956 mit Name, Geburtsdatum, Name und Beruf des Vaters, Aufnahme- und Entlassdatum, sowie Anmerkungen.	Liste A
2.	**Liste der Volksschule Kippenheim 1934–1955** Liste B enthält die in Kippenheim geborenen Kinder der Geburtsjahrgänge 1927–1948 mit Name, Geburtsdatum, Name und Stand des Vaters, wenige Anmerkungen.	Liste B
3.	**Befehl-Buch zur Evangelischen Schule Küppenheim 1777–1854** Das Befehlbuch enthält unterschiedlichste Eintragungen wie Verordnungen der badischen Regierung, Prüfungsprotokolle, Lehrpläne u.a	Befehlbuch
4.	**Katholisches Pfarrarchiv Kippenheim** Rubrik XXIII Schulsachen In diesem Archiv sind unterschiedlichste Dokumente abgeheftet, von Hirtenbriefen aus der Zeit der Zugehörigkeit zum Bistum Straßburg bis zu Religionsprüfungen der 1950er-Jahre	Kath. Pfarrarchiv
5.	**Protokollbuch des Gemeinderats Kippenheim 1861–1893** Das Protokollbuch enthält v.a. Tagesordnungspunkte und Beschlüsse der Ratssitzungen.	Ratsprotokolle 1861–1893
6.	**Protokollbuch des Gemeinderats Kippenheim 1930–1935** „Gemeinderats-Beschlußbuch" Archivziffer: C. VIII. 1/5	Ratsprotokolle 1930–1935
7.	**Protokollbuch des Gemeinderats Kippenheim 1935–1945** „Sitzungsbuch" Archivziffer: C. VIII. 1/6	Ratsprotokolle 1935–1945
8.	**Protokollbuch der örtlichen Schulaufsichtsbehörde der Gemeinde Kippenheim 1893–1932** Im Protokollbuch sind unterschiedlichste Vorgänge der Schule festgehalten. Die Blätter, welche die Zeit 1933–1945 betrafen sind herausgeschnitten und wohl vernichtet.	Schulprotokolle
9.	**Gemeindearchiv Kippenheim** Aus dem Gemeindearchiv wurden für die vorliegende Arbeit herangezogen: IV. 1/8 Behandlung der Judenfrage; bei IV-1/8 abgelegt ein Heft ohne Ziffer: Verschiedene Listen, wie „Entlassung aus Dachau", „Arbeitsfähige Juden" u.a.; VI. Kirche, Unterricht, Erziehung; XIV. Judenkartei, Auswanderung	Gemeindearchiv

Anhang 1: Schülerzahlen der Volksschule Kippenheim 1886 bis 1956

nach den Einschulungsjahrgängen der Liste A, soweit nötig ergänzt nach Liste B

Vorletzte Spalte der Liste: Gesamtzahl
Schrift kursiv = Gesamtschülerzahl als Summe aus acht Jahrgängen
Schrift Standard[2] = Gesamtschülerzahl laut Schulprotokollen bzw. Kath. Pfarrarchiv
Letzte Spalte der Liste: Übergänge
ges. = Übergänge an Gymnasien und andere Schulen: insgesamt aus dem Jahrgang
(isr.) = davon israelitische Kinder

Geburtsjahr	Einschulung	Zahl	Knaben	Mädchen	ev.	kath.	isr.	Gesamtzahl	Übergänge ges. (isr.)
1879/80 Apr.–Apr.	**1886 Ostern**	**21**	15	6	11	10	0		
1880/81 Apr.–Apr.	**1887**	**34**	14	20	7	20	7		
1881/82 Apr.–Apr.	**1888**	**46**	23	23	19	23	4		
1882/83 Apr.–Apr.	**1889**	**53**	20	33	20	26	7		1 (0)
1883/84 Apr.–Apr.	**1890**	**56**	25	31	24	22	10		2 (2)
1884/85 Apr.–Apr.	**1891**	**42**	26	16	17	21	4		2 (1)
1885/86 Apr.–Apr.	**1892**	**57**	24	33	23	28	6		1 (1)
1886/87 Apr.–Apr.	**1893**	**40**	13	27	13	19	8	*349*	4 (2)
1887/88 Juli–Juni	**1894**	**49**	17	32	22	22	5	*377*	1 (1)
1888/89 Juli–Juni	**1895**	**45**	24	21	16	23	6	*388*	5 (3)

Geburtsjahr	Einschulung	Zahl	Knaben	Mädchen	ev.	kath.	isr.	Gesamtzahl	Übergänge ges. (isr.)
1889/90 Juli–Juni	**1896**	**48**	25	23	14	26	8	***390 Höchststand***	8 (7)
1890/91 Juli–Juni	**1897**	**36**	21	15	11	21	4	***373***	3 (2)
1891/92 Juli–Juni	**1898**	**45**	17	28	14	24	7	***362***	4 (4)
1892/93 Juli–Juni	**1899**	**41**	23	18	15	18	8	***361***	4 (3)
1893/94 Juli–Juni	**1900**	**46**	27	19	16	25	5	***350***	2 (1)
1894/95 Juli–Juni	**1901**	**48**	24	24	23	17	8	***358***	3 (2)
1895/96 Juli–Juni	**1902**	**49**	26	23	14	28	7	***358***	4 (3)
1896/97 Juli–Juni	**1903**	**52**	28	24	16	30	6	***365***	3 (1)
1897/98 Juli–Juni	**1904**	**45**	18	27	15	24	6	***362***	
1898/99 Juli–Juni	**1905**	**42**	26	16	15	22	5	***368***	
1899/1900 Juli–Juni	**1906**	**31**	15	16	8	18	5	***354***	
1900/01 Juli–Juni	**1907**	**37**	12	25	10	24	3	***350***	
1901/02 Juli–Juni	**1908**	**38**	15	23	6	25	7	***342***	
1902/03 Juli–Juli	**1909**	**45**	19	26	16	24	5	***339***	
1903/04 Juli–Juni	**1910**	**38**	21	17	6	28	4	***328***	
1904/05 Juli–Juli	**1911**	**48**	26	22	19	24	5	***324***	
1905/06 Mai–April	**1912**	**45**	21	24	8	33	4	***324***	
1906/07 Mai–April	**1913**	**37**	18	19	14	22	1	***319***	

Geburtsjahr	Einschulung	Zahl	Knaben	Mädchen	ev.	kath.	isr.	Gesamtzahl	Übergänge ges. (isr.)
1907/08 Mai–Juli	**1914**	**44**	25	19	16	24	4	*332*	
1908/09 Mai–April	**1915**	**51**	21	30	21	28	2	*346*	3 (0)
1909/10 Mai -Mai	**1916**	**49**	24	25	16	30	3	*357*	4 (2)
1910/11 Juli–Juni	**1917**	**49**	25	24	17	31	1	*361*	
1911/12 Mai -Mai	**1918**	**48**	29	19	16	30	2	*371* **333**[2]	3 (0)
1912/13 Mai -Mai	**1919**	**52**	24	28	14	35	3	*375*	4 (1)
1913/14 Mai -Mai	**1920**	**44**	16	28	23	21	0	*374*	1 (0)
1914/15 Mai -Mai	**1921**	**34**	13	21	13	19	2	*371* **310**[2]	2 (1)
1915/16 Juli–Juni	**1922**	**27**	8	19	9	16	2	*354* **295**[2]	3 (2)
1916/17 Juli–Juni	**1923**	**18**	11	7	7	11	0	*321* **273**[2]	
1917/18 Mai–April	**1924**	**16**	10	6	4	10	2	*288* **251**[2]	
1918/19 Mai–April	**1925**	**10**	4	6	3	7	0	*249* **210**[2]	
1919/20 Mai–April	**1926**	**39**	17	22	11	25	3	*240*	5 (3)
1920/21 Mai–April	**1927**	**43**	22	23	12	27	4	*231*	2 (1)
1921/22 Mai–April	**1928**	**42**	21	21	12	28	2	*229 Tiefststand*[2]	1 (0)
1922/23 Mai–April	**1929**	**37**	18	19	17	19	1	*232*	
1923/24 Mai–April	**1930**	**40**	19	21	16	22	2	*245*	1 (1)
1924/25 Mai–April	**1931**	**45**	21	24	13	26	6	*272*	4 (3)

Geburtsjahr	Einschulung	Zahl	Knaben	Mädchen	ev.	kath.	isr.	Gesamtzahl	Übergänge ges. (isr.)
1925/26 Mai–April	**1932**	**39**	22	17	12	23	4	***295***	3 (1)
1926/27 Mai–April	**1933**	**41**	24	17	18	22	1	***326***	
1927/28 Mai–April	**1934**	**33**	18	15	7	24	2	***320***	2 (0)
1928/29 Mai–April	**1935**	**31**	17	14	7	23	1	***308***	1 (0)
1929/30 Mai–April	**1936**	**36**	17	19	15	21	0	***302***	2 (0)
1930/31 Mai–April	**1937**	**34**	18	16	11	22	1	***299***	6 (0)
1931/32 Mai–April	**1938**	**41**	24	17	7	33	1	***300***	5 (0)
1886 bis 1938 bis Ausschluss der isr. Kinder		**2157 Schüler**	1051 48%	1106 52%	728 34% **ev.**	1224 57% **kath.**	205 9% **isr.**		
							Sonst.		
1932/33 Mai–Juni	**1939**	**26**	15	11	8	18	0	***281***	
1933/34 Juli–Aug	**1940 Ostern**	39	19	20	12	26	1	***281***	
1934/35 Sept.–Aug.	**1941 Herbst**	47	25	22	11	36	0	***287***	
1935/36 Sept.–Okt	**1942**	42	28	14	15	27	0	***296***	
1936/37 Nov.–Okt.	**1943**	43	24	19	13	30	0	***308***	
1937/38 Nov.–Okt.	**1944**	46	29	17	18	26	2	***318***	
1939 Jan.–Dez..	**1945**	65	35	30	15	47	3	***349***	
1940 Jan.–Dez..	**1946**	48	24	24	18	30	0	***356***	
1941 Jan.–Dez..	**1947**	39	22	17	11	27	1	***369 Höchststand***	

Geburtsjahr	Einschulung	Zahl	Knaben	Mädchen	ev.	kath.	isr.	Gesamtzahl	Übergänge ges. (isr.)
1942 Jan.–Dez..	**1948**	**17**	7	10	2	14	1	*347*	
1942/43 Okt.– Sept..	**1949**	**29**	19	10	15	14	0	*329*	
1943/44 Okt.–Sept.	**1950**	**26**	11	15	11	15	0	*313*	
1944/45 Okt.–Sept.	**1951 Herbst**	**23**	8	15	8	15	0	*293*	
1945/46 Juni?.–Apr.	**1952 Ostern**	**16**	6	10	6	9	1	*263*	
1946/47 Mai–Apr.	**1953**	**24**	18	6	8	16	0	*222*	
1947/48 Apr.–März	**1954**	**29**	14	15	8	21	0	*203* **204**[2]	
1948/49 Apr.–März	**1955**	**35**	20	15	17	18	0	*199 Tiefststand*	
1949/50 Apr.–Apr.	**1956**	**31**	11	20	4	27	0	*213*	
1939 bis 1956 nach Ausschluss der isr. Kinder		**625**	335 (54 %)	290 (46 %)	200 (32 %)	416 (66,5)	9 (1,5 %)		
1886 bis 1956 Gesamtzahlen		**2782**	1386 (49,8 %)	1396 (50,2 %)	928 (33,4 %)	1640 (59 %)	214 (7,6 %)		

Anhang 2: Die Israelitischen Kinder der Volksschule Kippenheim

218 israelitische Kinder nach den Schülerlisten 1886–1938

Markierungen und Abkürzungen in der Spalte „Andere Quellen", teilweise in der Spalte „Anmerkungen der Schule"

(grau hinterlegt)	= Opfer des NS-Regimes	Ort	= Historischer Verein Mittelbaden: Die Ortenau, Zeitschrift, jeweilige Jahresbände
Dachau 1938	= Deportiert nach Dachau am 10.11.1938, nach Norbert Klein *Reichskristallnacht am 10.11.1938 in Lahr* (Manuskript)	OS	= Ortssippenbuch Kippenheim
Foto 1935	= Gruppenbild „Kinder der jüdischen Gemeinde Kippenheim", siehe Titelbild und Seite 50	Sept 2003	= Einladung der Gemeinde Kippenheim im September 2003, Film *Die Fantome von Kippenheim* und Kippenheimer Chronik 2003
GAK	= Gemeindearchiv Kippenheim, Rubrik XIV „Judenkartei, Auswanderung von Juden"	SGjG	= Historischer Verein Ettenheim: Schicksal und Geschichte der jüdischen Gemeinden Ettenheim u.a. 1938–1988; (Ettenheim 1988/1997)
GL 2000	= J. Stude, Die Gedenktafel für die Opfer. In: Geroldsecker Land 2000	oo	= Heirat
MA	= Stadtarchiv Mannheim, schriftliche Auskunft vom 21.11.2013		

Spalteneingänge zur Liste der israelitischen Kinder der Volksschule Kippenheim 1886–1938

Nr	Zuname Vorname	geboren am	Vater/Mutter Beruf/Anm.	Volksschule Kippenheim E: Einschulung A: Austritt	Anmerkungen der Schule *(bzw. des Gymnasiums Ettenheim)*	Andere Quellen
Sortiert nach **1.) Zuname** (Spalte 2) und **2.) Geburtsdatum des Kindes** im Datumsformat JJJJ-MM-TT (Spalte 3)						

Israelitische Kinder

Nr.	Zuname Vorname	geboren am	Vater/Mutter Beruf/Anm.	E: Einschulung A: Austritt	Anm. der Schule	Andere Quellen
1	Auerbacher Clara	1882–03–24	A. Marx, Metzger/ Witwe Sophie geb. A.	E: 1888 A: 09.04.1896		
2	Auerbacher Max	1885–09–20	A. Isak/Isaak Handelsmann	E: 1892 A: 10.04.1900		OS: gefallen am 18.11.1916 in Frankreich
3	Auerbacher Isak	1886–08–13	A. Metzger Marx Witwe, (s. o.)	E: 1893 A: 02.04.1901		GL 2000: 1942 Tod in Auschwitz
4	Auerbacher Salomon	1886–11–28	A. Isak Hirsch Sohn	E: 1893 A: 02.04.1901		oo Auguste Rosenfeld, Dachau 1938, beide laut OS: 22.10.1940 deportiert nach Gurs, 10.8.42 nach Auschwitz
5	Auerbacher Karolina	1887–04–30	A. Samuel Diener	A: 1893 E: 11.04.1896	nach Ihringen	OS: oo Johann **Heilbrunner**
6	Auerbacher Max	1888–03–13	A. Isak Hirsch Händler	E: 1894 A: 02.04.1902		Gemeinderat und Mitglied des Ortsschulrates. GAK: 10.7.1937 nach New York GL 2000: 1950 gestorben in N.Y.
7	Auerbacher Selma Zelina	1888–07–11	A. Salomon Hirsch	E: 1895 A: 03.04.1902	bei Jahrgang 1894	
8	Auerbacher Salomon	1888–11–22	A. Max/Marx Handelsmann	E: 1895 A: 07.04.1903	11. Sept. 1899 Gymnasium Ettenheim, zurück 1901	oo Gerda Auerbacher, Dachau 1938, beide laut OS: 22.10.1940 deportiert nach Gurs, 17.8.42 nach Auschwitz
9	Auerbacher Marx	1889–08–06	A. Salomon Hirsch Sohn Handelsmann	E: 1896 A: 10.09.1900	Gymnasium Ettenheim	oo Emilie **Gundelfinger** GAK: 14.11.1937 nach NY
10	Auerbacher Alex/Alfred	1889–12–15	A. Samuel Synagogendiener	E: 1896 A: 10.09.1901	Gymnasium Ettenheim	OS: 1.10.1934 Thariktown USA

Nr.	Zuname Vorname	geboren am	Vater/Mutter Beruf/Anm.	E: Einschulung A: Austritt	Anm. der Schule	Andere Quellen
11	Auerbacher Siegfried	1890–06–23	A. Marx, Handelsmann/ Witwe	E: 1896 A: 10.09.1901	Gymnasium Ettenheim, zurück 7. Aug. 1902	
12	Auerbacher Klara	1890–10–28	A. Jakob Hirsch Handelsmann	E: 1897 A: 30.03.1904		
13	Auerbacher Marx	1892–04–22	A. Salomon Wolf Sohn	E: 1898	gestorben 6. Juli 1901	
14	Auerbacher Marie	1892–09–20	A. Marx / Witwe	E: 1899 A: 25.05.1904	nach Lörrach	OS: oo Emil **Bloch**
15	Auerbacher Klara	1892–12–01	A. Salomon Sam. Sohn	E:1899 A: 09.04.1904		OS: oo Paul Berthold **Breslau**
16	Auerbacher Emma	1893–10–14	A. Wilhelm Bäcker	E: 1900 A: 27.03.1907		OS: oo Robert **Freund** GL 2000: 1942 Tod in Auschwitz
17	Auerbacher Karoline	1894–05–16	A. Marx/Witwe	E: 1900 A: 15.04.1908		OS: oo Benno **Rothschild**
18	Auerbacher Jakob	1894–11–22	A. Salomon Hirsch Sohn	E: 1901		GAK: 4.2.1938 nach New York
19	Auerbacher Klara	1894–12–15	A. Samuel Wolf Sohn	E: 1901 A: 24.04.1906	nach Schopfheim	
20	Auerbacher Gerda	1895–01–21	A. Joseph Hirsch Sohn	1901		OS: oo Salomon **Auerbacher** 22.10.1940 deportiert nach Gurs; 17.8.42 nach Auschwitz
21	Auerbacher Pauline/ Paula	1895–05–15	A. Salomon Sam. Sohn	1901		OS: oo Eugen **Dreifuß**

Nr.	Zuname Vorname	geboren am	Vater/Mutter Beruf/Anm.	E: Einschulung A: Austritt	Anm. der Schule	Andere Quellen
22	Auerbacher Isidor	1895–12–29	A. Marx/Witwe	E: 1902 A: Sept. 1906	Gymnasium Ettenheim *(SGjG: Gymn. Ettenh. Schj 1908/09)*	
23	Auerbacher Karolina	1896–02–22	A. Isak Salomon Sohn	E: 1902	Sulzburg	OS: 8.5.1945 für tot erklärt
24	Auerbacher Semi/Semie	1896–08–25	A. Salomon Samuel Sohn	E: 1903	*(SGjG: Gymn. Ettenh. Schj 1908/09)*	
25	Auerbacher Wilhelm	1897–05–28	A. Salomon Wolf Sohn	E: 1903		
26	Auerbacher Berthold	1898–06–13	A. Salomon Samuel Sohn	E: 1904	*(SGjG: Gymn. Ettenh. Schj 1908/09)*	OS: oo Regine **Landsheimer; Vater von Inge Auerbacher; Dachau 1938** *alle drei am 2.5.1939 n. Jebenhausen, 22.8.1942 deportiert n. Theresienstadt;* nach der Befreiung in die USA
27	Auerbacher Arthur	1898–07–17	A. Wilhelm Bäcker	E: 1904	*(SGjG: Gymn. Ettenh. Schj 1908/09); Foto S. 225??, etwa 1911, nicht Semi Wertheimer!)*	OS: oo Johanna **Freund**
28	Auerbacher Siegfried	1899–01–29	A. Hermann Viehhändler	E: 1905	*(SGjG: Gymn. Ettenh. Schj 1908/09; Foto S. 225, etwa 1911)*	OS: oo Paula **Auerbacher** 11.6.1939 USA
29	Auerbacher David Daniel	1899–02–22	A. Jakob Salomon Sohn Viehhändler	E: 1905		

Nr.	Zuname Vorname	geboren am	Vater/Mutter Beruf/Anm.	E: Einschulung A: Austritt	Anm. der Schule	Andere Quellen
30	Auerbacher Seline	1899–11–16	A. Wilhelm Bäcker	E: 1906		GAK: 04.11.1937 nach New York
31	Auerbacher Hugo	1899–11–21	A. Joseph Handelsmann	E: 1906		GL 2000: 1951 gest. in N.Y.
32	Auerbacher Hilda	1899–12–30	A. Salomon W.S. Handelsmann	E: 1906 A: 21.04.1906	überwiesen nach Schopf- heim	
33	Auerbacher Hilda/Hilde	1900–07–02	A. Salomon Samuel Sohn	E: 1907		OS: oo Ludwig **Dreifuß**
34	Auerbacher Therese	1900–11–05	A./M. Witwe	E: 1907		
35	Auerbacher Dennys	1902–03–05	A. Wilhelm Bäcker	E: 1908		OS: gestorben 7.12.1916
36	Auerbacher Charlotte	1902–05–30	A. Hermann Handelsmann	E: 1908	*(SGjG: Foto S. 342)*	OS: oo Siegfried **Maier** 22.10.1940 deportiert nach Gurs; von da in die USA gestorben 1979 in New York
37	Auerbacher Paula	1903–07–14	A. Abraham Handelsmann	E: 1910	*(SGjG: Foto S. 342)*	OS: 1.2.1936 oo nach Zürich
38	Auerbacher Karola	1904–03–24	A. Maier Kaufmann	E: 1910		
39	Auerbacher Rosa/Rosl	1904–10–13	A. Salomon Handelsmann	E: 1911		
40	Auerbacher Martha	1905–01–17	A. Abraham Handelsmann	E: 1911		

Nr.	Zuname Vorname	geboren am	Vater/Mutter Beruf/Anm.	E: Einschulung A: Austritt	Anm. der Schule	Andere Quellen
41	Auerbacher Margarete/ Gretel	1907–01–10	A. Abraham Handelsmann	E: 1913	*(SGjG: Gymn. Ettenh.bis Schj 1932/33)*	OS: ca. 1936 in die Schweiz
42	Auerbacher Lina	1908–09–17	A. Wilhelm Bäcker	E: 1915 A: 03.04.1923	entlassen *(SGjG: Gym. Ett. bis Schj 1922/23, Foto S. 342)*	
43	Auerbacher Sophie/ Sofie	1910–02–08	A. Marx Handelsmann	E: 1916 A: 05.04.1924	entlassen	OS: 1937 oo **Scheidt**, GAK: 23.6.37 nach Frankfurt
44	Auerbacher Betty	1912–12–17	A. Marx Handelsmann	E: 1919 A: 09.04.1927	entlassen	GL 2000: oo **Harf**
45	Auerbacher Beata/Beate	1920–12–02	A. Max Handelsmann	E: 1927	*(SGjG: Gymn. Ettenh.bis Schj 1934/35, Foto S. 226)*	**Foto 1935;** GAK: 14.11.1937 nach New York (mit Bruder Theo)
46	Auerbacher Leopold/ Poldi	1921–04–01	A. Salomon Kaufmann	E: 1927	*(SGjG: Gymn. Ettenh.bis Schj 1934/35)*	**Foto 1935;** GAK: 28.2.1938 nach Palästina, Pionier des Kibbuz Degania 2; oo Agnes NN; **Sept 2003** – gest. 22.3.2009 in Israel
47	Auerbacher Betty	1923–03–06	A. Max Handelsmann	E: 1929	am 12.7.1937 nach U.S.A.	**Foto 1935** GAK: 10.7.1937 nach New York
48	Auerbacher Helena/ Karolina	1923–12–15	A. Alex/*Alfred (OS)* Handelsmann	E: 1930	15.9.34 nach New York	**Sept 2003**, oo **Lipton**, gest. 8.12.2014
49	Auerbacher Siegbert	1924–11–13	A. Jakob Handelsmann	E: 1931	15.1.38 New York	**Foto 1935**; GAK: 4.2.38 nach NY

Nr.	Zuname Vorname	geboren am	Vater/Mutter Beruf/Anm.	E: Einschulung A: Austritt	Anm. der Schule	Andere Quellen
50	Auerbacher Theo Samuel	1925–02–07	A. Max Handelsmann	E: 1931	1.11.37 New York	**Foto 1935** GAK: 14..11.1937 nach New York (mit Schwester Beata)
51	Auerbacher Elsa/Else	1925–06–24	A. Alex/*Alfred (OS)* Handelsmann	E: 1932	15.4.34 Nach New York	**Sept 2003** oo **Weltz** gestorben am 16.5.2016 in NY
52	Auerbacher Lore Nanette	1925–12–06	A. Max Handelsmann	E: 1932	12.7.37 nach U.S.A. ausgew.	**Foto 1935** GAK: 10.7.1937 nach New York
53	Auerbacher Elly Berte	1927–04–29	A. Jakob Handelsmann	E: 1933	15.1.1938 New York	**Foto 1935** GAK: 4.2.38 nach NY
54	Auerbacher Ruth	1928–08–11	A. Alex/*Alfred (OS)* Handelsmann	E: 1935 (nur Liste B)	nach U.S.A. ausgewandert	**Sept 2003** GAK: 4.2.38 nach NY; oo Himmelfarb, gest. 18.10.2011
55	Auerbacher Manfred	1931–06–28	A. Siegfried Weinhändler	E: 1938 A: 01.10.1938	1.10.38 USA	**Foto 1935** OS: 11.6.1939 Baldwinsbreek USA, **Sept 2003**
56	Auerbacher Inge	1934–12–31	A. Berthold Kaufmann	*E: 1941 in Stuttgart*	***(besuchte „ihre" Schule, die Grund- und Hauptschule Kippenheim erstmals am 12. Juli 1998)***	*2.5.1939 nach Jebenhausen; vor der Deportation nach Theresienstadt wenige Monate in der jüdischen Schule Stuttgart,* – **Sept 2003** lebt in NY, Vorträge und Bücher als Zeitzeugin, v.a. „Ich bin ein Stern"
57	Blum Siegfried	1893–03–25	Blum Markus Kaufmann	E: 1899 A: 28.01.1902	nach Kehl	
58	Blum Fritz	1894–03–10	Blum Markus Kaufmann	E: 1900 A: 28.01.1902	nach Kehl	

Nr.	Zuname Vorname	geboren am	Vater/Mutter Beruf/Anm.	E: Einschulung A: Austritt	Anm. der Schule	Andere Quellen
59	Blum Julius	1897–02–08	Blum Markus Kaufmann	E: 1903 A: 15.04.1903	überwiesen nach Kehl	
60	Blum Rosa	1898–06–24	Blum Markus Kaufmann	E: 1904 A: 05.041905	überwiesen nach Kehl	
61	Böttighei-mer Max	1904–10–20	Böttigheimer Emanuel Buchhalter	E: 1911 A: 1915	*(SGjG: Gymn. Ettenh. bis Schj. 1918/19)*	
62	Böttighei-mer Ludwig	1908–07–22	Böttigheimer Emanuel Buchhalter	E: 1914 A: 08.04.1922	*(SGjG: Gymn. Ettenh. bis Schj 1919/20)*entlassen	gest. 23.3.2003 in den USA
63	Bruchsaler Karl	1882–03–13	Wertheimer Heinrich Viehhändler	E: 1889 A: 19.06.1893	geboren in Diersburg	nicht im Ortssippenbuch
64	Domma-cher Emma	1882–06–02	Auerbacher Meier Handelsmann	E: 1889 A: 11.09.1895	geb. in Lörrachnach Lör-rach	nicht im Ortssippenbuch
65	Dreifuß Elsa	1886–02–04	Dreifuß/Isak Witwe	E: 1892 A: Ostern 1897	Töchterschule Offenburg	nicht im Ortssippenbuch
66	Dreifuß Alfred Nathan	1887–03–26	Grumbacher/Isak Witwe	E: 1893 A: 1897	Gymn. Ettenh., *(SGjG: Gymn. Ettenh. Schj 1900/01)*geb. in Offen-burg	nicht im Ortssippenbuch
67	Durlacher Isak	1880–08–26	Durlacher Salomon Kleiderhändler	E: 1887 A: 16.04.1895	auch als Einschulung 1888	

Nr.	Zuname Vorname	geboren am	Vater/Mutter Beruf/Anm.	E: Einschulung A: Austritt	Anm. der Schule	Andere Quellen
68	Durlacher Rachel	1882–06–12	Durlacher Moses Weinhändler	E: 1889 A: 09.04.1896		OS: oo Dr. Georg **Manes**
69	Durlacher Wilhelm	1882–06–28	Durlacher Salomon Kleiderhändler	E: 1890 A: 09.04.1896		nicht im Ortssippenbuch
70	Durlacher Sigmund	1883–09–11	Durlacher Salomon Kleiderhändler	E: 1891 A: 06.04.1899		nicht im Ortssippenbuch
71	Durlacher Bertha	1883–10–25	Durlacher Moses Weinhändler	E: 1890 A: 05.04.1898		oo **Wachsberg**; GAK: 9.11.1937 nach Frankfurt/Main
72	Durlacher Salomon	1889–09–13	Durlacher Nathan Weinhändler	E: 1896 A: 11.09.1899	Gymn. Ettenh. *(SGjG: Gymn. Ettenh.bis Schj 1900/01)*	oo Flora **Epstein** (geb. 1897), gestorben 1929
73	Durlacher Helma	1892–01–29	Durlacher Nathan Weinhändler	E: 1898 A: 1902	Höhere Töchterschule Lahr	
74	Durlacher Heinrich Salomon	1902–04–02	Durlacher Jakob Möbelhändler	E: 1908		GL 2000: 1952 gestorben in Straßburg.
75	Durlacher Rosa	1904–09–04	Durlacher Jakob Möbelhändler	E: 1911	*(SGjG: Foto S. 342?)*	GL 2000: oo **Weil**, (Familie am 24.8.38 nach Straßburg, von da 1940 deportiert)
76	Durlacher Siegfried	1910–11–15	Durlacher Jakob Kaufmann	E: 1917 A: 04.04.1925	entlassen	
77	Durlacher Gretel Rina	1921–10–25	Durlacher Salomon Kaufmann	E: 1928 A: 27.03.1936	entlassen	**Foto 1935** OS: 1938/39 nach Straßburg, St. Julien, 26.8.42 nach Osten deportiert; 1942 Tod in Auschwitz

Nr.	Zuname Vorname	geboren am	Vater/Mutter Beruf/Anm.	E: Einschulung A: Austritt	Anm. der Schule	Andere Quellen
78	Durlacher Hans/ Johann Nathan	1925–06–23	Durlacher Salomon Weinhändler Flora Durlacher, Witwe, *OS: geb. Epstein 1897*	E: 1931 A: 15.04.1936	Gymnasium Ettenheim; Revers über 9-jähr. Schulbesuch*(SGjG: Gymn. Ettenh.bis Schj 1938/39)*	**Foto 1935** OS: 1938/39 nach Straßburg, Ort2005, S. 392: 1942 Zwangsarbeit in Oberschlesien; 1943 Tod in Auschwitz
79	Eichen- baum Ludwig	1884–04–03	Eichenbaum Saul Kantor/oo Charlotte **Weil**	E: 1890 A: 11.09.1894	Realgymnasium Ettenheim	OS: 29.4.1941 gestorben in Mannheim
80	Eichen- baum Elsa	1886–07–08	Eichenbaum Saul Kantor	E: 1892 A: 10.04.1900		OS: oo S.P.M.G. **Engel**, gestorben 1961 in Hamburg
81	Eichen- baum Friedrich	1890–08–25	Eichenbaum Saul Kantor	E: 1897 A: 11.09.1899	Gym.Ettenh. *(SGjG bis 1900)*	
82	Eichen- baum Leo	1892–10–01	Eichenbaum Saul Kantor	E: 1899 A: 11.09.1902	Gymnasium Ettenheim	
83	Eichen- baum Janette	1882–10–16	Eichenbaum Saul Kantor	E: 1889 A: 09.04.1896		
84	Freund Adele	1918–02–12	Freund Alois Turnlehrer	E: 1924 A: 10.02.1924	Schweiz	
85	Grumba- cher Frieda	1880–07–15	Grumbacher Jakob Viehhändler	E: 1887 A: 04.04.1895		

Nr.	Zuname Vorname	geboren am	Vater/Mutter Beruf/Anm.	E: Einschulung A: Austritt	Anm. der Schule	Andere Quellen
86	Grumba- cher Jakob	1886–12–10	Grumbacher Jakob Viehhändler	E: 1893	gestorben 5. Nov. 1897	GAK: Gymnasiast
87	Guggenheim Walter David	1913–05–12	Guggenheim Julius Kaufmann *oo Klothilde Zimmern*	E: 1919 A: 10.04.1923	Gymn. Ettenh. *(SGjG: Gymn. Ettenh. bis Schj 1925/26)*	**MA**: 13.9.1933 nach Frankreich; 17.4.40 Sammellager Pithiviers; Tod in Auschwitz
88	Guggen- heim Mathilde	1914–07–03	Guggenheim Julius Kaufmann	E: 1921 A: 24.10.1927	nach Seckenheim verzogen	**MA**: 15.1.40 oo W. **Ohnhaus**, 22.10.1940 deportiert nach Gurs, Drancy; Tod in Auschwitz
89	Haas Melanie	1882–10–16	Weil Isak Viehhändler	E: 1889 A: 09.04.1896	geboren in Freiburg	
90	Kaufmann Max	1907–09–13	Auerbacher Samuel Synagogendiener	E: 1914	*(SGjG: Gymn. Ettenh. bis Schj 1921/22)*	über Mannheim, Frankreich, Südamerika in die USA
91	Löwenstein Silva	1908–05–24	Löwenstein Joseph Kaufmann	E: 1915 A: Ostern 1915	Volksschule Straßburg i. E.	
92	Maier Siegfried	1897–04–19	Maier Lazarus Kaufmann	E: 1903 A: Sept. 1907	Gymnasium Ettenheim *(SGjG: Gymn. Ettenh. bis Schj 1908/09)*	Dachau 1938, 22.10.1940 deportiert nach Gurs; von da in die USA, oo Charlotte **Auerbacher**, 1958 gestorben in NY
93	Maier Simon	1898–05–13	Maier Lazarus Kaufmann	E: 1904	*(SGjG: Gymn. Ettenh. 1908/09)*	OS: 22.2.1917 gestorben im Lazarett Heuberg
94	Maier Ludwig	1902–11–08	Maier David Kaufmann	E: 1909		OS: gestorben 31.1.1918

Nr.	Zuname Vorname	geboren am	Vater/Mutter Beruf/Anm.	E: Einschulung A: Austritt	Anm. der Schule	Andere Quellen
95	Maier Johanna Julchen	1906–03–06	Maier David Kaufmann	E: 1912		OS: 24.8.1938 nach England
96	Maier Julius Isidor	1911–05–13	Maier David Kaufmann	E: 1918 A: 25.03.1926	entlassen	Dachau 1938 OS: 1938 nach Glasgow
97	Maier Heinz Zadock Simon	1927–12–30	Maier Siegfried Kaufmann	E: 1934	10.11.38 Jude ausgeschl.	**Foto 1935** 22.10.1940 deportiert nach Gurs, von da in die USA
98	Maier Kurt Salomon	1930–05–04	Maier Siegfried Kaufmann	E: 1937	10.11.38 Jude ausg. ***(besuchte „seine" Schule erstmals wieder am 25.5.2000)***	**Foto 1935** 22.10.1940 deportiert nach Gurs; von da in die USA; Mitarbeiter der Library of Cogress, Washington, Abtlg. für deutsche. Geschichte und Literatur – **Sept 2003**
99	Manes Julius	1902–08–07	Manes Dr. Georg prakt. Arzt	1908		
100	Manes Beatrice	1903–07–13	Manes Dr. Georg prakt. Arzt	E: 1909 A: 29.04.1909	nach Albert Hauenstein überwiesen, 1 Jahr von der Schulpflicht ausgenommen	
101	Mannheimer Theresia	1880–06–17	Mannheimer Heinrich Viehhändler	E: 1887 A: 04.04.1894		OS: oo Leopold **Wolff**, 2.2.1968 gest. in Neustadt/Weinstr.
102	Mannheimer Fritz (OS: Gottfried)	1881–05–06	Mannheimer Heinrich Viehhändler	E: 1887 A: 16.04.1895		

Nr.	Zuname Vorname	geboren am	Vater/Mutter Beruf/Anm.	E: Einschulung A: Austritt	Anm. der Schule	Andere Quellen
103	Mannhei- mer Frieda	1883–10–03	Mannheimer Heinrich Handelsmann	E: 1890 A: 05.04.1898		
104	Posner Auguste	1885–07–02	Posner Wolf, *(geb. um 1831 in Szorken/Polen)* Handelsmann	E: 1892 A: April 1894	nach Frankfurt	OS: oo Arthur **Rauner**
105	Rieser Bella	1884–03–06	Durlacher Salomon/ Witwe	E: 1890 A: 05.04.1898		nicht im Ortssippenbuch
106	Salomon Alfred	1912–05–12	Wertheimer Samuel sen. Kaufmann	E: 1918 A: 25.03.1926	geb. in Mannheim; entlas- sen	
107	Sonder Alfred	1895–10–30	Sonder Samuel Kaufmann	E: 1902 A: ohne Da- tum	überwiesen nach Zerbst	
108	Sonder Erich Nathan	1896–11–11	Sonder Samuel Kaufmann	E: 1903 A: 27.07.1904	überwiesen nach Zerbst	
109	Sonder Sidonie	1900–10–13	Sonder Samuel Kaufmann	E: 1907 A: 03.04.1907	überwiesen nach Zerbst	
110	Stern Anna Regi- na	1888–07–16	Stern Dr. Julius prakt. Arzt	E: 1895 A: 15.04.1901	nach Baden-Baden	Dr. J. Stern: SGjG, Foto S. 339
111	Stern Selma	1890–07–24	Stern Dr. Julius prakt. Arzt	E: 1897 A: 30.03.1904	*(SGjG, Foto S. 340)*	Dr. Selma **Stern-Täubler**, – Historikerin, Schriftstellerin – oo Eugen **Täubler**, 1941 in die USA emigriert, gest. 27.8.1989 in Basel

Nr.	Zuname Vorname	geboren am	Vater/Mutter Beruf/Anm.	E: Einschulung A: Austritt	Anm. der Schule	Andere Quellen
112	Stern Marga/ Margarethe	1899–01–13	Stern Julius prakt. Arzt	E: 1905 A: 25.04.1905	überwiesen nach Baden-Baden	oo **Horowicz**, gest. 17.8.1981 Basel
113	Valfer Karl	1907–11–03	Valfer Max Kaufmann	E: 1914 A: 1918	*(SGjG: Gymn. Ettenh. bis Schj 1923/24)*	GL2000: oo Gertrud **Jakob**, Dachau 1938 GAK: 15.11.37 n. Furtwangen OS: 27.4.1939 nach Glasgow
114	Valfer Hugo	1909–05–18	Valfer Max Kaufmann	E: 1915 A: 1919	*(SGjG: Gymn. Ettenh. bis Schj 1924/25)*	OS: 22.7.1938 nach New York
115	Valfer Freya Frieda	1910–05–29	Valfer Max Kaufmann	E: 1916	Gymnasium Ettenheim	OS: oo Ludwig **Maier** gest. 11.12.2003 in den USA
116	Valfer Else/Elsa	1913–01–30	Valfer Max Kaufmann	E: 1919 A: 05.04.1924	Gymn. Ett. *(SGjG: Gymn. Ettenh.bis Schj 1930/31)*	OS: oo Heinrich **Wertheimer**, emigriert nach England
117	Valfer Ruth Rech	a1915–11–17	Valfer Max Kaufmann	E: 1922 A: 27.03.1926	Gymn. Ett. *(SGjG: Gymn. Ettenh.bis Schj 1931/32)*	GAK: 12.4.1937 n. New York *SGjG: Foto S. 351;* oo **Bergmann**; gest. 30.6.2003 USA
118	Valfer Erich Gustav	1919–09–03	Valfer Max Kaufmann	E: 1926	Gymnasium Ettenheim *(letzter jüdischer Abiturient 1938) GAK: letzte Auswanderung nach der „Judenkartei"*	**Foto 1935**; GAK: 15.6.1938 nach Mailand, später nach Haifa – siehe SGjG: S. 227 und 365; – Technikstudium; Kaufmann; gestorben am 19.9.2006
119	Wachenheimer Hilda	1888–04–02	Wachenheimer Max Kaufmann	E: 1894 A: 03.04.1902		OS: oo David **Weill**
120	Wachenheimer Hugo	1889–09–21	Wachenheimer Max Kaufmann	E: 1896 A: 11.09.1899	Gymnasium Ettenheim *(SGjG: Gymn. Ettenh. 1900–1905)*	Dachau 1938 OS: oo Bella **Eichel** 22.10.1940 deportiert nach Gurs, 19.8.42 nach Auschwitz

Nr.	Zuname Vorname	geboren am	Vater/Mutter Beruf/Anm.	E: Einschulung A: Austritt	Anm. der Schule	Andere Quellen
121	Wachen-heimer Robert	1900–02–24	Wachenheimer Julius Kaufmann	E: 1906	*(SGjG, Foto S. 225, „Quinta" = 6. Klassenstufe im Text entspricht einer Datierung auf etwa 1911)*	1938 nach London, 1939 mit Familie in die USA – oo Ruth **Ringsberg** Kinder: Hans/Harry, Helga/Helen
122	Wachen-heimer Sophie	1891–07–08	Wachenheimer Marx Kaufmann	E: 1898 A: 17.04.1905		
123	Wachen-heimer Oskar	1893–03–06	Wachenheimer Max Kaufmann	E: 1899 A: 11.09.1902	Gymnasium Ettenheim	GL 2000: oo Käthe **Ehrlich**, Dachau 1938 beide laut OS: 22.10.1940 deportiert nach Gurs, 12.8.42 nach Auschwitz
124	Wachen-heimer Meta	1901–10–11	Wachenheimer Julius Kaufmann	1908		oo **Strauss**, 22.10.1940 deportiert nach Gurs, 28.8.42 nach Auschwitz
125	Wachen-heimer Hedwig/ Hedy	1924–08–15	Wachenheimer Hugo Kaufmann	E: 1931 A: 24.04.1935	Gymnasium Ettenheim *(SGjG: .bis Schj 1938/39);* ***besuchte „ihre" Volksschu-le erstmals wieder im Oktober 1997***	**Foto 1935** 15.5.1939 Kindertransport nach London, oo **Epstein** Arbeit bei den Nürnberger Prozessen; später in die USA – aktiv für Menschen-rechte – **Sept 2003** gestorben am 26.5.2016 in St. Louis/USA
126	Weil Klara	1883–06–13	Auerbacher Joseph Großviehhändl.	E: 1889 A: 22.10.1895	nach Schmieheim	
127	Weil Gerda/ Gertha	1895–10–12	Weil Salomon Handelsmann	E: 1902 A: 15.07.1902	zurückgestellt ... (ärztl. Attest) *(SGjG: Foto S. 342?)*	22.10.1940 deportiert nach Gurs, 12.8.42 nach Auschwitz

Nr.	Zuname Vorname	geboren am	Vater/Mutter Beruf/Anm.	E: Einschulung A: Austritt	Anm. der Schule	Andere Quellen
128	Weil Albert	1897–09–20	Weil Salomon Handelsmann	E: 1904	*(SGjG: Gymn. Ettenh. Schj 1908/09)*	gefallen am 28.05.1918
129	Weil Ludwig	1899–10–23	Weil Salomon Handelsmann	E: 1906	*(SGjG: Gymn. Ettenh. Schj 1908/09)*	Dachau 1938 OS: ausgewandert
130	Weil Julius	1902–11–22	Weil Salomon Viehhändler	E: 1909		OS: 10.9.1938 nach Gailingen, Dachau 1938 (aus Freiburg) 22.10.1940 deportiert nach Gurs, 19.8.42 nach Auschwitz
131	Weil Berta	1905–10–24	Weil Salomon Handelsmann	E: 1912		22.10.1940 deportiert nach Gurs, 12.8.42 nach Auschwitz
132	Weill Meta	1883–06–24	Weill Moritz Buchhalter	E: 1890 A: 05.04.1897		
133	Weill Hedwig	1883–11–04	Weill Leopold Lederhändler	E: 1890 A: 05.04.1898		OS: oo Theodor **Jakob**, Wittlich
134	Weill Samuel	1884–06–11	Weill Gustav Schafhändler	E: 1891 A: 11.09.1895	Realgymnasium Ettenheim *(SGjG: Gymn. Ettenh. Schj 1900/01)*	
135	Weill Hugo	1885–01–25	Weill Leopold Lederfabrikant	E: 1891	*(SGjG: Gymn. Ettenh. Schj 1900/01)*	Dachau 1938 (aus Konstanz) 22.10.1940 deportiert nach Gurs, 4.9.42 nach Auschwitz
136	Weill Karolina	1886–01–24	Weill Gustav Viehhändler	E: 1892 A: April 1899	nach Mannheim	OS: oo David **Kern**, Heilbronn
137	Weill Emilie	1887–07–07	Weill Gustav Schafhändler	E: 1894 A: 02.04.1902		

Nr.	Zuname Vorname	geboren am	Vater/Mutter Beruf/Anm.	E: Einschulung A: Austritt	Anm. der Schule	Andere Quellen
138	Weill Friedrich	1888–10–09	Weill Gustav Kaufmann	E: 1895 A: Sept. 1898	bei Jahrgang 1894 Gym. Ett. *(SGjG: Gymn. Ettenh. Schj 1900/01)*	
139	Weill Leo	1890–04–24	Weill Gustav Schafhändler	E: 1896 A: 11.09.1900	Gymnasium Ettenheim *(SGjG: Gymn. Ettenh. Schj 1900/01)*	
140	Weill Siegfried Samuel	1893–04–30	Weill Moritz Kaufmann, Schafhändler	E: 1899		OS: 1951 gestorben in Offenbach
141	Weill Ludwig	1894–04–17	Weill Gustav Schafhändler	E: 1900 A: 11.09.1904	Gymnasium Ettenheim *(SGjG: Gymn. Ettenh. Schj 1908/09)*	
142	Weill Elsa	1896–11–16	Weill Samuel Kaufmann	E: 1903 A: 15.03.1903	überwiesen nach Karlsru-he	
143	Weill Hans Leo-pold	1919–12–29	Weill Fritz Kaufmann	E: 1926	Gymn. Ett. *(SGjG: Gymn. Ettenh. bis Schj 1933/34)*	GAK: 14.5.1937 nach London, später Australien; gest. 13.4.2000
144	Wertheimer Sophie	1879–05–04	Wertheimer Leopold Viehhändler	E: 1887 A: 04.04.1895		
145	Wertheimer Rosa	1880–03–04	Wertheimer Judas Metzger	E: 1886 A: 04.04.1894		OS: oo Josef **Burgheimer**
146	Wertheimer Max	1881–01–29	Wertheimer Leopold Handelsmann	E: 1887 A: 16.04.1895		

Nr.	Zuname Vorname	geboren am	Vater/Mutter Beruf/Anm.	E: Einschulung A: Austritt	Anm. der Schule	Andere Quellen
147	Wertheimer Elise	1881–03–22	Wertheimer Joseph Kleiderfabrikant **Gemeinderat**	E:1887 A: 16.04.1895		OS: 10.7.1913 oo Karl **Reininger**
148	Wertheimer Gida/Ida	1881–10–12	Wertheimer Zacharias? Metzger	E: 1888 A: 16.04.1895		OS: oo Samuel **Kornfein**
149	Wertheimer Sara	1882–06–01	Wertheimer Heinrich Kälberhändler	E: 1888 A: 09.04.1896		OS: oo Emanuel **Kahn** GL 2000: verschollen
150	Wertheimer Bertha	1882–10–04	Wertheimer Judas Metzger	E: 1889 A: 09.04.1896		OS: oo Joseph **Burgheimer**
151	Wertheimer Sara	1883–07–16	Wertheimer Leopold II Handelsmann	E: 1890 A: 05.04.1897		OS: oo David **Maier**, 22.10.1940 depor- tiert nach Gurs
152	Wertheimer Gerda	1883–12–19	Wertheimer Joseph Kleiderhändler	E: 1890 A: 05.04.1898		OS: oo Jakob **Wechsler** 22.10.1940 deportiert nach Gurs, 10.8.42 nach Auschwitz
153	Wertheimer Hermann	1884–04–12	Wertheimer Heinrich Kälberhändler	E: 1890	Realgymnasium Ettenheim	Dachau 1938, OS: 14.5.1940 nach New York
154	Wertheimer Bertha	1886–09–20	Wertheimer Leopold II Handelsmann	E: 1893	seit April 1899 Töchter- schule Lahr	
155	Wertheimer Fanny	1886–12–24	Wertheimer Heinrich Wirt *(Badischer Hof, SGjG: Fotos S. 341)*	E: 1893 A: 10.04.1900		OS: oo Max **Valfer**, 22.10.1940 deportiert nach Gurs, 19.8.42 nach Auschwitz
156	Wertheimer Frieda	1887–03–19	Wertheimer Joseph Kleiderhändler	E: 1893 A: 02.04.1901		

Nr.	Zuname Vorname	geboren am	Vater/Mutter Beruf/Anm.	E: Einschulung A: Austritt	Anm. der Schule	Andere Quellen
157	Wertheimer Hermann	1888–02–23	Wertheimer Heinrich Wirt	E: 1894 A: 17.04.1899	Realgymn. Ett. *(SGjG: Gymn. Ettenh. Schj 1900/01)*	OS: oo Selma **Schwab**; GAK: 20.3.1938 nach Brooklyn, NY
158	Wertheimer Friedrich	1888–11–22	Wertheimer Leopold Isak Sohn	E: 1895	1898 Gymnasium Ettenheim, zurück 1900	
159	Wertheimer Betty	1889–01–04	Wertheimer Samuel Zach. Sohn Fruchthändler	E: 1895 A: 07.04.1903		OS: oo Meyer **Salomon** *(Sohn Fredi, SGjG S. 368)*
160	Wertheimer Theresia	1890–01–02	Wertheimer Heinrich Wirt	E: 1896 A: 30.03.1904		OS: oo Adolf **Haarburger**
161	Wertheimer Siegfried Salomon	1890–04–14	Wertheimer Samuel Zach. Sohn Fruchthändler	E: 1896 A: 11.09.1900	Gymnasium Ettenheim	OS: gestorben 19.8.1918, Schirmeck
162	Wertheimer Leopold	1891–08–01	Wertheimer Heinrich Metzger, Wirt	E: 1897 A: 11.09.1901	Gymnasium Ettenheim	OS: oo Toni Wertheimer; 7.7.1936 nach New York
163	Wertheimer Selma	1891–10–11	Wertheimer Samuel Zach. Sohn Fruchthändler	E: 1898 A: Sommer 1905	wegen Privatunterricht	
164	Wertheimer Bertha	1892–03–04	Wertheimer Samuel Ochsenhändler	E: 1898 A: 01.10.1905	Privatunterricht	OS: oo Richard **Wertheimer** GAK: 26.5.1937 nach New York
165	Wertheimer Mina	1892–06–30	Wertheimer Leopold Marx Sohn	E: 1898 A: 09.04.1906		
166	Wertheimer Tony	1893–01–30	Wertheimer Samuel Kaufmann	E: 1899 A: 27.03.1907		OS: oo Leopold **Wertheimer** 7.7.1936 nach New York

Nr.	Zuname Vorname	geboren am	Vater/Mutter Beruf/Anm.	E: Einschulung A: Austritt	Anm. der Schule	Andere Quellen
167	Wertheimer Richard	1893–04–01	Wertheimer Heinrich Metzger u. Wirt	E: 1899 A: Sept 1903	Gymn. Ett. *(SGjG: Gymn. Ettenh. Schj 1908/09)*	OS: oo Bertha **Wertheimer** GAK: 26.5.1937 nach New York
168	Wertheimer Bianka	1893–12–28	Wertheimer Leopold IV	E: 1900 A: 27.03.1907		
169	Wertheimer Anna	1894–09–05	Wertheimer Samuel Getreidehändler	E: 1901 A: 15.04.1908		
170	Wertheimer Jeanette	1895–01–27	Wertheimer Leopold Marx Sohn	E: 1901 A: 29.04.1907	nach Lahr	GL 2000, S. 79: oo **Lederer** 1942 Tod in Auschwitz
171	Wertheimer Zacharias Benno	1895–02–17	Wertheimer Wilhelm Kaufmann	E: 1901 A: Sept. 1905	Gymnasium Ettenheim	gestorben an Kriegsfolgen, 2.2.1919?
172	Wertheimer Siegfried	1895–03–14	Wertheimer Heinrich Metzger u. Wirt	E: 1901 A: Sept. 1905	Gymn. Ett. *(SGjG: Gymn. Ettenh. Schj 1908/09)*	21.8.1939 „Freitod" im Untersuchungs-gefängnis Kenzingen
173	Wertheimer Thekla	1896–02–19	Wertheimer Leopold IV Marx Sohn	E: 1902 A: 29.04.1907	nach Lahr	
174	Wertheimer Eugen Zacharias	1896–03–02	Wertheimer Samuel Getreidehändler	E: 1902 A: Sept. 1906	Gymnasium Ettenheim	GAK: 1.4.1937 nach Haifa/Tel Aviv; gest. 12.5.1960
175	Wertheimer Louis	1896–03–26	Wertheimer Wilhelm Fruchthändler	E: 1902 A: Sept. 1906	Gymn. Ett. *(SGjG: Gymn. Ettenh. Schj 1908/09)*	
176	Wertheimer Jeanette	1897–02–09	Wertheimer Heinrich Wirt	E: 1903		OS: oo Hugo **Heumann**
177	Wertheimer Rosa	1897–10–30	Wertheimer Maier Handelsmann	E: 1904		

Nr.	Zuname Vorname	geboren am	Vater/Mutter Beruf/Anm.	E: Einschulung A: Austritt	Anm. der Schule	Andere Quellen
178	Wertheimer Friedrich/ Fritz	1897–12–19	Wertheimer Wilhelm Getreidehändler	E: 1904	*(SGjG: Gymn. Ettenh. Schj 1908/09)*	Nov. 1937 in die Niederlande, 1943 nach Osten deportiert – 1943 Tod in Sobibor
179	Wertheimer David Herbert	1897–12–31	Wertheimer Leopold Marx Sohn Handelsmann	E: 1904		
180	Wertheimer igmar/Sieg	Smar1898–07–26	Wertheimer Julius	E: 1904 A: 04.05.1905	überwiesen nach Bischweiler; zu Jahrgang 1905 gehörig	
181	Wertheimer Betty (OS: Peti)	1898–10–20	Wertheimer Julius L. Ochsenhändler	E: 1905		OS: 27.10.1936 New York
182	Wertheimer Saly	1899–03–16	Wertheimer Wilhelm Fruchthändler	E: 1905		
183	Wertheimer Hugo	1899–03–16	Wertheimer Simon Kaufmann	E: 1905 A: 25.04.1905	überwiesen nach Straßburg	
184	Wertheimer Ernst	1899–03–24	Wertheimer Meier Handelsmann	E: 1905		
185	Wertheimer Karoline/ Lina	1899–08–29	Wertheimer Heinrich Wirt	E: 1906		OS: oo Eugen Zacharias **Wertheimer**; GAK: 2.2.1937 nach Haifa; gest. 17.8.1967 in Tel Aviv
186	Wertheimer Hermine	1900–03–20	Wertheimer Maier Handelsmann	E: 1906 A: 21.04.1906	überwiesen nach Laubheim	

Nr.	Zuname Vorname	geboren am	Vater/Mutter Beruf/Anm.	E: Einschulung A: Austritt	Anm. der Schule	Andere Quellen
187	Wertheimer Flora / Babette?	1901–02–03	Wertheimer Wilhelm Fruchthändler	E: 1907	*(SGjG: Foto S. 342*	OS: seit 8.5.1945 für tot erklärt
188	Wertheimer Erna	1901–10–10	Wertheimer Samuel Getreidehändler	E: 1908	*(SGjG: Foto S. 351)*	OS: oo Siegfried **Wertheimer** GAK: gestorben 29.12.37 in Freiburg
189	Wertheimer Julius	1902–06–06	Wertheimer Samuel Metzger	E: 1908 A: 1912	*(SGjG: Gymnasim Ettenheim Abitur 1920, Foto S. 342)*	
190	Wertheimer Selma	1902–07–27	Wertheimer Maier Handelsmann	E:1909 A: 29.04.1909	nach Bauzheim(?) Württ. überwiesen	OS: seit 8.5.1945 für tot erklärt
191	Wertheimer Johanna	1903–05–06	Wertheimer Julius Handelsmann	E: 1909		OS: 29.12.1936 nach New York
192	Wertheimer Meti	1903–07–08	Wertheimer Leopold Kaufmann	E: 1910		
193	Wertheimer Betty	1903–08–05	Wertheimer Hermann (OS: Abraham) Handelsmann	E: 1910		OS: oo Siegfried **Blum**, Bingen
194	Wertheimer Senta Gertrud	1905–04–28	Wertheimer Wilhelm Kaufmann	E: 1911		
195	Wertheimer Henny/Jenny	1905–08–04	Wertheimer Samuel Metzger	E: 1912	*(SGjG: Foto S. 351)*	OS: oo Eugen **Ottenheimer**, Ludwigsburg
196	Wertheimer Rosa/Rosel	1906–01–17	Wertheimer Abraham Metzger	E: 1912		GAK: 25.6.1938 nach Genf oo Dschuudnowsky

Nr.	Zuname Vorname	geboren am	Vater/Mutter Beruf/Anm.	E: Einschulung A: Austritt	Anm. der Schule	Andere Quellen
197	Wertheimer Heinrich	1908–07–04	Wertheimer Leopold Handelsmann	E: 1914	*(SGjG: Gymn. Ettenh. bis Schj 1927/28)*	Dachau 1938 OS: Elsa **Valfer**, emigriert nach England
198	Wertheimer Leo	1909–06–23	Wertheimer Leopold VII Handelsmann	E: 1916	Gymn. Ettenh. *(SGjG: Gymn. Ettenh. bis Schj 1922/23)*	Dachau 1938 OS: 22.7.1939 n. Manchester
199	Wertheimer Heinrich/ Heinz	1914–10–19	Wertheimer Hermann Kaufmann	E: 1921 A: 25.04.1925	Gymn. Ettenh. *(SGjG: Gymn. Ettenh. bis Schj 1928/29)*	Dachau 1938 OS: emigriert nach England
200	Wertheimer Regina Rita	1916–01–10	Wertheimer Hermann Kaufmann	E: 1922 A: 27.03.1926	Gymn. Ettenh. *(SGjG: Gymn. Ettenh. bis Schj 1929/30)*	OS: 6.3.1939 nach London
201	Wertheimer Gustav	1917–12–23	Wertheimer Wilhelm Kaufmann	E: 1924	Revers des Max Wertheimer bei den Geburtsbuchauszügen, 9-jähriger Schulbesuch	Gymn. Ettenh. *(SGjG: Gymn. Ettenh. bis Schj 1930/31)*
202	Wertheimer Max	1918–05–14	Wertheimer Leopold Handelsmann	E: 1924	*(SGjG: Gymn. Ettenh. bis Schj 1932/33)*	**Foto 1935**; OS: 22.7.1939 nach Glasgow
203	Wertheimer Ilse Sophie	1919–12–08	Wertheimer Hermann Kaufmann	E: 1926	Gymnasium Ettenheim	**Foto 1935**; oo Gutmann, OS: nach England ausgewandert
204	Wertheimer Kurt Nathan	1921–04–06	Wertheimer Hermann Eisenhändler	E: 1927	Gymn. Ettenh. *(SGjG: Gymn. Ettenh. bis Schj 1934/35, Foto S. 226)*	**Foto 1935**; GAK: 2.5.36 nach Karlsruhe Dachau 1938 OS: 6.3.1939 nach London
205	Wertheimer Pia Sophia/ Sophie	1921–06–01	Wertheimer Richard Kaufmann	E: 1927	9 Jahre schulpfl., *(SGjG: Gymn. Etth. bis Schj 1933/34)*	**Foto 1935**; oo **Gilbert**, GAK: 26.5.1937 nach New York; Professorin für Musik, Komponistin

Nr.	Zuname Vorname	geboren am	Vater/Mutter Beruf/Anm.	E: Einschulung A: Austritt	Anm. der Schule	Andere Quellen
206	Wertheimer Hertha Sophie	1921–06–10	Wertheimer Hermann Metzger u. Wirt	E: 1928 A: 27.03.1936	entlassen	**Foto 1935**; GAK: 20.3.1938 nach Brooklyn, NY
207	Wertheimer Irene Sophie	1923–07–15	Wertheimer Leopold VII Kaufmann	E: 1930 A: Ostern 1935	Gym. Ett.; *(SGjG: ausgetreten 10.6.36, Vater wandert aus nach Amerika)*	**Foto 1935**; OS: 7.7.1936 n. N.Y.; oo **Rosen**; – **Sept 2003**; gest. 2010 in den USA
208	Wertheimer Helmut	1924–01–22	Wertheimer Hermann Metzger u. Wirt	–	*kein Eintrag in der Schülerliste* !	GAK: 28.2.1938 nach Brooklyn, NY
209	Wertheimer Hans Samuel	1925–05–24	Wertheimer Richard Kaufmann	E: 1931 A: Ostern 1935	Gymnasium Ettenheim; 24.4.35 Revers unterz.; *(SGjG: 20.3.37 Abgangs-zeug-nis, Auswanderung)*	**Foto 1935**; GAK: 26.5.37 nach New York **Sept 2003**
210	Wertheimer Günther Samuel	1925–07–13	Wertheimer Leopold Kaufmann	E: 1931 A: Ostern 1935	Gym. Ett.; 24.4.35 Revers unterzeichnet, *(SGjG: ausgetreten 10.6.36, Vater wandert aus nach Amerika)*	**Foto 1935**; OS: 7.7.1936 nach New York
211	Wertheimer Margot	1926–02–25	Wertheimer Hermann Metzger u. Wirt	E: 1932 A: 11.2.1938	11.2.38 nach New York	**Foto 1935**; GAK: 20.3.1938 nach Brooklyn, NY
212	Wertheimer Stefan	1926–07–16	Wertheimer Eugen Zacharias Kaufmann	E: 1932 A: Ostern 1936	Gymnasium Ettenheim; Jan. 1937 nach Haifa	**Foto 1935**; GAK: 1.4.1937 nach Haifa/ Tel Aviv, wurde Begründer und Leiter der ISCAR-Werke, einem bedeutenden Metall- u. Rüstungsunternehmen; Abgeordneter der Knesseth
213	Wertheimer Peter Heinrich	1928–02–19	Wertheimer Eugen Zacharias Kaufmann	E: 1934 A: 01.01.1937	nach Haifa Palästina	**Foto 1935**; GAK: 1.4.1937 nach Haifa/ Tel Aviv; gest. 1998 in Israel

Nr.	Zuname Vorname	geboren am	Vater/Mutter Beruf/Anm.	E: Einschulung A: Austritt	Anm. der Schule	Andere Quellen
214	Wertheimer Doris	1931–08–06	Wertheimer Eugen Zacharias Kaufmann	–	*wurde in Kippenheim nicht mehr eingeschult*	**Foto 1935**; GAK: 1.4.1937 nach Haifa/ Tel Aviv; oo Schmuel Benshahar aus Ffm.; gest. 12.4.2004 in Israel
215	Zimmern Chlothilde/ Klothilde	1884–09–23	Zimmern Hermann Hauptlehrer	E: 1891 A: 05.04.1898		OS: oo Julius **Guggenheim** **MA**: beide 22.10.1940 deportiert nach Gurs; Tod in Auschwitz
216	Zimmern Rosa Regine	1886–08–06	Zimmern Hermann Hauptlehrer	E: 1892 A: 10.04.1900		OS: oo Emil **Rosenberg** (aus Samotschin, Polen)
217	Zimmern Hilda	1887–10–20	Zimmern Hermann Hauptlehrer	E: 1894 A: 03.04.1902		OS: oo Jakob **Marx, MA**: Familie am 22.10.1940 deportiert nach Gurs, mit Kind Berta Margot (*7.5.1929), für tot erklärt am 30.9.1942
218	Zimmern Hugo	1891–01–10	Zimmern Hermann Hauptlehrer	E: 1897 A: 11.09.1900	Gymnasium Ettenheim *(SGjG: Gymn. Ettenh. 1900)*	weiteres Schicksal unbekannt

Lehrer

Zimmern Hermann	1856–06–30 – 1937–01–21	Hauptlehrer/Oberlehrer in Kippenheim 1882 bis 1922, israelitischer Konfession, geboren in Walldürn (oo Bela Bertha Kleefeld, †23.10.1926 in Kippenheim) beide sind in **Schmieheim beerdigt**, Reihe 62, Grab 29	**MA**: 1927 Umzug nach Mannheim-Seckenheim, †21.01.1937 in Mannheim-Seckenheim

Anhang 3: „Die Bergpredigt von Kippenheim" mit dem „Kippenheimer Lied"

Aus dem „Heimatboten" des evangelischen Pfarrers Kaiser vom Januar 1932, wiedergegeben und kommentiert von Mathias Weis in der Kippenheimer Chronik 1998, S. 75

Aus dem »Heimatboten« von Pfarrer Kaiser

von Mathias Weis, Kippenheim

Die Dorfchronik gehört nun schon seit vielen Jahren zur Geschichte Kippenheims dazu. Gerne liest man am Ende des Jahres noch einmal nach, was sich in unserer Gemeinde während den vergangenen zwölf Monaten so alles zugetragen und ereignet hat oder aber, was uns über unsere Vorfahren berichtet wird. Vor einiger Zeit gab es in Kippenheim schon einmal so etwas ähnliches, nämlich den Heimatboten von Pfarrer Kaiser. Der beliebte evangelische Ortsgeistliche brachte in den dreißiger Jahren dieses Jahrhunderts den Heimatboten für die Kirchengemeinden Kippenheim und Kippenheimweiler in monatlicher Auflage heraus. Neben dem damaligen Zeitgeschehen hielt Pfarrer Kaiser darin auch die eine oder andere Anekdote aus vergangenen Zeiten fest. So veröffentlichte er 1932 das leider damals bereits in Vergessenheit zu geraten drohende »Kippenheimerlied« samt den Informationen zu seiner Entstehung sowie ein weiteres Lied über Kippenheim, das seiner eigenen talentierten Feder entsprungen war. Beide dürften unseren älteren Mitbürgern noch in guter Erinnerung sein.
Als weiteres interessantes Fundstück aus dem reichhaltigen Fundus des Heimatboten sei hier noch die »Bergpredigt von Kippenheim« wiedergegeben, welche Pfarrer Kaiser an den Jahresanfang 1932 stellte und die von ihrer klaren
Kernbotschaft her auch heute noch nicht an Aktualität verloren hat. Pfarrer Kaiser war von 1929 bis 1935 Ortspfarrer von Kippenheim.

Die Bergpredigt von Kippenheim

von Pfarrer Kaiser, Kippenheim, im Januar 1932

Wie? Wir kennen eine Bergpredigt von Matthäus, eine Bergpredigt von Lukas, aber eine Bergpredigt von Kippenheim? Oder läufts auf ein Wort aus der Bergpredigt hinaus, etwa: Selig sind die reines Herzens sind, oder: Ihr sollt euch nicht Schätze sammeln auf Erden, wo Motten und Rost sie fressen? Nein, ich denk an etwas ganz anderes. Droben am Eingang des Dorfes, dort hinter dem Spital auf der schönen Anhöhe mit der weiten Aussicht nach Mahlberg und ins Rheintal steht das Türmle, das Denkmal unseres Landsmannes Georg Stulz, der als Schneider fortgegangen und als Millionär wiedergekommen ist. Auf diesem Türmlein stehen drei Bibelworte. Sie grüßen uns, die Bewohner zu ihren Füßen, Tag für Tag von jener Anhöhe, von jedem Berg herunter. Drum nannte ich sie oben: Die Bergpredigt von Kippenheim. Das eine Wort lautet: Ein Leben, es sei so gut es wolle, so währt es eine kleine Zeit, aber ein guter Name bleibt ewiglich, Sirach 41, 16. Das andere Wort heißt: Wer eine Sache klüglich führt, der findet Glück, und wohl dem, der sich auf den Herrn verläßt, Sprüche 16, 20. Und nun kommt das Wort, das ich meinen Lesern als Neujahrsgruß zurufen möchte. Es steht, wie auch die zwei anderen Worte, unter dem Sinnbild der Schneiderzunft, unter einer Schere mit Faden. Eine Schere: Ein gutes Sinnbild. Gott hat uns ein neues Jahr be»scheret«, mit der Schere zugeschnitten. Wie innig haben wir heute gebetet: Und segne, was du uns be»scheret« hast. Vielleicht haben wir auch gesungen: Der mich hat bisher ernähret, und mir manches Gut be»scheret«, ist und bleibet ewig mein. Und haben gebetet: Ach bleib mit deinem neuen Jahres. Da wär ich ein leidiger Tröster. Wir schauen auf unsern Herrn. Wie steinig war der Acker seines Berufs! Wie hat er sich die Füße drauf wundgelaufen, der treue Sämann. Wie manchmal ist er auf dem Acker müde niedergesunken. Und immer wieder hat ihn der Vater aufgerichtet. Und als er zuletzt todmüde niedersank, als alles vergeblich erschien, verloren erschien, da ist er nicht verzweifelt, sondern hat glaubend sich und sein Werk in die Hände seines Vaters gelegt. Und der Vater hat seinen Glauben nicht zu Schanden werden lassen. Als der Dichter des Liedes: Valet will ich ... Valerius Herberger Hochzeit machte und eben dran war die Gäste aufzuschreiben, sagte seine Mutter zu ihm: Valerius, schreib mir den Herrn Jesum obenan. Wir schreiben den Namen Jesu über das neue Jahr, falten die Hände und beten:

Wir legen auf des Herrn Altar
In ihm getreu verbunden,
Das angetretne neue Jahr
Und alle seine Stunden
Die Tränen alle, die es bringt,
Die Lieder alle, die es singt.
Dem Herrn sei alles heilig!

Das Kippenheimerlied

Herr Oberlehrer i. R. Zimmern in Mannheim-Seckenheim, an den ich mich wegen der Herkunft des Liedes gewandt habe, schreibt mir: Es freut mich, daß Sie das früher so beliebte Kippenheimerlied, das nicht nur von den Schülern, sondern auch von den Erwachsenen bei den verschiedensten Anlässen gern gesungen wurde, der Vergessenheit entreißen und zu neuem Leben erwecken wollen. Ich kann nicht begreifen, daß dies Volkslied nicht mehr eingeübt wird. Der damalige 1. Hauptlehrer Helfesrieder hatte seine einzige Tochter in der Klosterschule in Villingen. Diese Tochter brachte die Melodie nach Kippenheim. Der damalige kath. Pfarrer Kurz verfaßte den Text, und der genannte Hauptlehrer übte das Lied mit seiner Oberklasse. Nach seiner Zurruhesetzung übte ich dann das Lied jedes Jahr mit meiner Klasse ein. Ich kam am 23. April 1882 an die dortige Volksschule. Ich fühle mich noch immer als Glied der dortigen Gemeinde, in der ich fast vier Jahrzehnte gewirkt habe. Soweit Herr Zimmern. Fräulein Ida Fuchs bei der Synagoge hat mir das Lied für den Heimatboten aufgeschrieben.

Sei gegrüßt du liebe Stelle,
Wo mir einst die Wiege stand,
Wo der Freuden reichste Quelle
Schon von Jugend auf ich fand.
Kippenheim dich nennen hören
Ist mir süße Melodie,
Wer dich kennt, ich will's beschwören,
Der vergißt dich ewig nie.

Seht die Kirche an, die schöne,
Mit dem alten schmucken Chor
Laßt der Meister Orgeltöne
Mächtig dringen in das Ohr,
Hört die großen Glocken schallen
Feierlich zu Gottes Ehr,
O gewiß mit Wohlgefallen
Schaut und lauscht ihr mehr und mehr

An der Kirche Eck betrachtet
Noch Sankt Christophs Riesenbild,
Das von Urzeit her geachtet,
Als des Orts Wahrzeichen gilt
Wer Christophorus gesehen,
Wie er trägt das Gotteskind
Mit dem Baum als Stab versehen,
Der vergißt ihn nicht geschwind.

Kippenheimer Chronik 1998, S. 78

Seht das Schulhaus an, das neue,
Der Gemeinde Zier und Ehr
Durch der Lehrer Kraft und Treue
Blüht die Schule mehr und mehr.
Geist der Liebe, Zucht und Sitte,
Geist der Weisheit ziehe ein!
Gott erhöre unsre Bitte
Laß das Haus gesegnet sein!

Auch das Rathaus steht so prächtig
Mit dem stolzen Erkerpaar,
Wo die Herrn vom Rat bedächtig
Unsre Wohlfahrt nehmen wahr.
Schaut die hohen Staffelgiebel,
Zeichen aus der alten Zeit,
All dies ist fürwahr nicht übel
Seht es nicht so weit und breit

Eine Zier noch sei gepriesen
Draußen an des Fleckens End,
Wo zum Dank errichten ließen
Fürst und Volk ein Monument
Kippenheims berühmten Sohne,
Stulz, dem Schneider, sei's geweiht
Seines Wohltuns Ehrenkrone
Schmuck des Ortes allezeit.

Glücklich sind, die in dir leben,
Vaterort an Gütern reich
Wald und Wiesen, Feld und Reben
Hast du eigen sonder gleich.
Dazu kommt die Bürgergabe
In Natur und auch in Geld,
Daß ein jeder etwas habe,
Um zu leben in der Welt.

Friede herrscht in der Gemeinde,
Wenn das Schimpfen fertig ist,
Im gemütlichen Vereine
Leben alle, Jud und Christ.
Jeder schafft nach Wohlgefallen,
Oder pflegt der Ruhe süß,
Darum soll dein Lob erschallen
Kippenheim, du Paradies.

Bis zum Tode will ich bleiben
Treu ein Kippenheimer Kind,
Sehen andre wie sie's treiben,
Ich nur hier den Himmel find.
Kippenheim, dich nennen hören,
Ist mir süße Melodie,
Wer dich kennt, ich will's beschwören,
Der vergißt dich ewig nie.

Kippenheim!

Melodie: »Strömt herbei ihr Völkerscharen ...«

Wo die Geroldseck in Trümmer,
Wo der Rhein rauscht Tag und Nacht,
Straßburg grüßt im letzten Schimmer,
Die Vogesen halten Wacht,
Wo die Veste Mahlberg träumet,
Streitberg, Schönberg, Haselstud,
Liegt ein Dörflein rebumsäumet,
Herrgott, nimm's in treue Hut!

Kippenheim, dich will ich preisen,
Deine Täler, deine Höhn,
Deiner Sänger frohe Weisen,
Deiner Glocken hold Getön,
Deine Mühlen dort im Grunde,
Deine Toten auf der Höh,
Auch der Christoph sei im Bunde,
Doch nun gilt's ade, ade!

Kippenheim, ins Herz geschrieben
Bleibt dein Bild, gleich einer Braut,
Dir galt einst mein junges Lieben,
Und es bleibt, wenn ich ergraut.
Doch die Zeit, sie eilt von hinnen,
Setz' ich weiter meinen Fuß,
Gilt es Neues zu beginnen –
Kippenheim – den letzten Gruß!

Aus der Ferne kam ich wieder
An der Unditz trauten Strand,
Alte liebe Heimatlieder
Schlangen neu das alte Band,
Haselstud, o laß dich preisen,
Christophkirche, dir mein Gruß,
Mahlbergs Veste Sängerweisen,
Wie beschwingt ihr meinen Fuß.

Kippenheim, ich sah dich wieder,
Und mir ward so wohl und weh!
Zwar sind's noch die alten Lieder,
Und noch Reben auf der Höh,
Auch der Christoph dient noch munter
Seinem Herrn und seinem Gott,
Und der Rhein, das deutsche Wunder,
Grüßt die Fahnen schwarz-weiß-rot.

Nur die Menschen fand ich nimmer,
Die mir wohl und weh getan,
Da ging ich, wie früher immer,
Still zum Selvertberg hinan.
Auf dem Friedhof, fern alleine,
Hab ich manchen Freund erkannt,
Und bei manchem Leichensteine
Fühlt ich eine leise Hand.

Kippenheim ich sah dich wieder,
Und ich kannte dich nicht mehr,
Andere Sitten, andere Lieder,
Andere Menschen hin und her.
Hörst die Glocken du sich regen?
Gott du bleibest wie du bist,
Nimm in deinen Schutz und Segen
Kippenheim zu jeder Frist!

Melodie: »Alt Heidelberg du Feine ...«

Kennst du die alte Linde
Zu Mahlberg auf der Höh?
Es schnitt in ihre Rinde
Manch einer sein Ade.

Weißt du vom Saft der Reben
Hoch auf der Haselstud?
Er schaffet neues Leben,
Wirft Feuer in das Blut.
Kennst du dich aus im Selvert?
Dort bringt man sie zur Ruh,
Ist auch für mich ein Plätzchen,
Schließ ich die Augen zu.

Herr Christoph tut noch immer
Den Dienst am großen Bach.
Schläft einer ein für immer,
Dann ist Herr Christoph wach.

Die Sonne sinkt! Sie läuten
Im Ried den Abend ein,
Ein Kirchturm hat geschwiegen,
Nun läutet Kippenheim.

Kaiser, Pfarrer

Anhang 4: Die Melodie des Kippenheimer Liedes

Der evangelische Pfarrer Kaiser berichtet im Januar 1932 in seinem Heimatboten, was ihm der pensionierte israelitische Lehrer Hermann Zimmern schrieb (zitiert aus der Kippenheimer Chronik 1998; Näheres im Kapitel „Das Kippenheimer Lied"):

Der damalige 1. Hauptlehrer Helfesrieder hatte seine einzige Tochter in der Klosterschule in Villingen. Diese Tochter brachte die Melodie nach Kippenheim. Der damalige kath. Pfarrer Kurz verfaßte den Text, und der genannte Hauptlehrer übte das Lied mit seiner Oberklasse.

Das Lied muss nach 1890 entstanden sein. Denn: *Seht das Schulhaus an, das neue, der Gemeinde Zier und Ehr,* so wird der Neubau von 1892 auf dem Schulberg besungen. Dass der katholische Pfarrer den Text verfasste, wenige Jahre nachdem die drei konfessionellen Schulen gegen heftigen Widerstand der Kirchen zur „Simultanschule" zusammengeführt worden waren, und dass der israelitische Lehrer Zimmern das Lied mit besonderer Begeisterung pflegte, mögen Hinweise darauf sein, welche integrierende Kraft die badischen Schulpolitik entfalten konnte (siehe hierzu auch das Kapitel „Mit aller Kraft auf die sittlich religiöse Bildung hinarbeiten").

Die Melodie des Kippenheimer Liedes, hier notiert von Herrn Löffler, dem langjährigen Dirigenten des Musikvereins Kippenheim; überliefert durch Carmen Karcher, Lehrerin der Grund- und Hauptschule mit Werkrealschule Kippenheim.

Anhang 5: Der Weg der Schule ins 21. Jahrhundert

Die Volksschule wird Grund- und Hauptschule

Im April des Jahres 1956 wurden mit den 31 Kindern des Geburtsjahrgangs 1949/50 letztmals Schulanfänger in Liste A eingetragen[1]. 10 weitere Jahre bestanden die Volksschulen fort, bis sie 1966/67 in Grund- und Hauptschulen umgewandelt wurden. Seit der Gemeinderat im Jahre 1874 beschlossen hatte, die Kinder aller Konfessionen in einer gemeinsamen Schule zu unterrichten, erfuhr demnach die größte Zahl der Kippenheimer in dieser Volksschule 92 Jahre lang die schulische Grundbildung, die ihren Lebensweg prägte.

Im Schuljahr 1954/55 hatte die Schülerzahl mit 196 ihren tiefsten Stand erreicht. Aber nachdem die geburtenschwachen Jahrgänge der Kriegs- und Nachkriegsjahre überwunden waren, stiegen die Zahlen Jahr für Jahr kräftig an[2]. Einen weiteren Schub erfuhr die Schülerzahl dadurch, dass mit der Gründung der Grund- und Hauptschule ab 1966 die Jahrgänge der bisherigen Volkschuloberstufe aus Schmieheim als Hauptschüler nach Kippenheim wechselten. Mit den zwei Kurzschuljahren – Ostern bis Weihnachten 1966 und Januar bis Juli 1967 – geschah letztmals die Umstellung des Schuljahreswechsels, diesmal vom Oster- auf den Sommertermin. Die bis dahin eingeschulten Volksschüler erhielten mit den zusätzlichen vier Monaten ihr neuntes Schuljahr als Hauptschüler. In den 15 Jahren bis 1970/71 wuchs die Schülerzahl auf das mehr als 2½ -fache an, auf seither nie mehr erreichte 513 Schulkinder.

Diese hohe Zahl ergab sich auch dadurch, dass die Hauptschüler aus Kippenheimweiler für wenige Jahre ebenfalls Kippenheim zugewiesen waren. Mit der Gemeindereform Anfang der 1970er-Jahre setzte sich weder die geschichtliche noch die geografi-

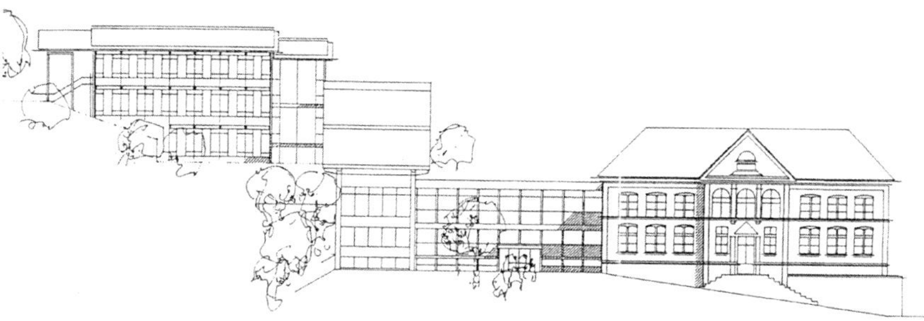

Anbau 1998 *Hauptbau 1965* *Altbau 1892*
Zeichnung: Werkgruppe Lahr 1998

1 Die handschriftlichen Listen wurden wohl deshalb aufgegeben, weil mit dem Schuljahr 1952/53 die von der Schulverwaltung des neuen Landes Baden-Württemberg eingeführten amtlichen Statistiken begannen.

2 Soweit ich nicht auf meine eigenen Erfahrungen und Erhebungen zurückgreife, stütze ich mich in den folgenden Abschnitten auf die Jubiläumsschrift *100 Jahre Altes Schulhaus Kippenheim* aus dem Jahr 1992.

sche Logik durch: Kippenheimweiler wurde Stadtteil von Lahr. Im kommunalpolitischen Machtspiel wurde entschieden, dass die Hauptschüler aus „Willert" nach Sulz zu gehen bzw. zu fahren hätten. Auch die Hauptschüler aus Langenwinkel mussten diesen Weg nehmen Und so fuhren sie denn in den kommenden Jahrzehnten täglich mit den Schulbussen an der Kippenheimer Schule vorbei über den Sulzer Buckel zu der ihnen zugewiesenen Schule – fast sieben statt drei Kilometer.

Die Grundschule mit ihren vier Jahrgängen ist bis heute organisatorisch von den Turbulenzen im Schulwesen weitgehend verschont geblieben, sieht man von dem Druck ab, dem sie zunehmend durch die konkurrierenden „weiterführenden Schulen" ausgesetzt war, jeder dieser Schulen möglichst viele neue Schüler zu liefern. Vor allem in den Landgemeinden ging zunächst noch der größte Teil eines Jahrgangs nach der Grundschule in die Hauptschule. Zu deren Fächerkanon gehörten nun Englisch, außerdem Hauswerk für die Mädchen, sowie Technik für die Buben, zunächst nach Geschlechtern getrennt, später als verpflichtendes Wahlfach offen für beide. Ab 1982 mussten auch die Hauptschüler eine Abschlussprüfung ablegen, um damit die Gleichwertigkeit der drei auf der Grundschule aufbauenden weiterführenden Säulen Hauptschule-Realschule-Gymnasium darzustellen. Dass die Grund-, Haupt-, Real- und Sonderschulen aus der ehemaligen Volksschule hervorgegangenen sind, ist bis heute an ihrer eigenen, von der der Gymnasien und Beruflichen Schulen getrennten Schulverwaltung mit Staatlichen Schulämtern in den Landkreisen sichtbar.

Der große Erweiterungsbau 1964/65

Die wachsenden Schülerzahlen, die Anforderungen des Fächerkanons mit neuen Lehrplänen und die kommende Schulstruktur machten die Planung eines neuen Schulgebäudes in Kippenheim unvermeidlich. Es standen ja nur die vier regulären Klassenzimmer des Baus von 1892, dazu die zwei Behelfsklassenräume unter dem Dach und verschiedene im Dorf verteilte Ausweichräume zur Verfügung. Die Pläne wurden ab 1961 unter Bürgermeister Anton Fritschmann und Rektor Max Wiegert angegangen und vom Gemeinderat gebilligt. 1964 konnten die ersten Klassenräume des Erweiterungsbaus bezogen und 1965, also ein Jahr vor Einführung der Grund- und Hauptschule, feierlich eingeweiht werden. Neun zusätzliche Klassenräume, ein Handarbeitsraum, eine Küche und ein kleine Turnhalle („Gymnastikraum") verbesserten die Situation für den Unterricht enorm. Für den Schulsport kam 1988 die Mühlbachhalle hinzu. Die in Schulzimmern des Altbaus eingerichteten Räume für Naturwissenschaften und Technik, zu denen sich dann noch ein provisorischer Computerraum gesellte, stellten allerdings keine Lösungen auf Dauer dar.

Nachdem die Raumnot behoben war, ging es in den Jahren des Rektorats von Karl-Heinz Kunz, unterstützt vom neuen Bürgermeister Willi Matthis (1977 bis 2009) darum, die Schule als einen freundlichen und lebenswerten Ort zu gestalten. Das Lehrerwohnhaus, das die Sicht auf den Neubau versperrte, wurde 1978 abgerissen, der gesamte Schulberg wurde asphaltiert und diente so als Halt und Wendeschleife für die Busse mit den Schmieheimer Schülern. Als Pausenhof wie bisher war der sterile Platz direkt am Geländer über der B3 aber völlig ungeeignet. „Weil Pausenhof und Wendeschleife nicht zusammenpassten", schreibt Rektor Kunz[3], „wurde eine neue und sichere Lösung auf der Ostseite der Schule gesucht und 1982/83 in konzertierter Aktion aller

3 In *Hundert Jahre Altes Schulhaus*, S. 42

Kräfte – Eltern, Lehrer, Schüler, Gemeinde- und Bauarbeiter – ein beispielhafter Schulhof mit Pausenhalle und Spielplatz geschaffen." Ein Haus an der Bergstraße musste dafür weichen. Höhepunkt im Wirken von Rektor Kunz waren zweifellos 1992 die Feierlichkeiten zum 100-jährigen Jubiläum der Errichtung des Schulbaus von 1892. Die Festschrift *100 Jahre Altes Schulhaus Kippenheim* ist dafür ein bleibendes Zeugnis.

Die Schmieheimer Schule

„Ich kam 1958 an die Schule Schmieheim. Sie bestand damals aus zwei Kombinationsklassen mit zwei Lehrern", schreibt Bernhard Burth in seinem Beitrag zur Jubiläumsschrift[4]. Das heißt, jeder der beiden Lehrer hatte damals vier Jahrgänge der achtjährigen Volksschule in seiner Klasse. Laut Schulentwicklungsplan I., der 1966 für Kippenheim die Grund- und Hauptschule brachte, mussten dann die Oberklassen zur Mittelpunktschule nach Kippenheim wechseln. Schmieheim wurde zur Grundschule. Durch die stark steigenden Geburtenzahlen konnte auch hier bald in Jahrgangsklassen unterrichtet werden. Auch nach der Eingemeindung Schmieheims nach Kippenheim im Jahre 1972 blieb es bei dieser Lösung.

1976 aber stiegen die Schmieheimer gegen den Schulentwicklungsplan III. „auf die Barrikaden", denn ihre Schule sollte aufgelöst werden. Das hätte die tägliche Busfahrt für alle ihre Grundschüler und das Ende der „Idylle" in dem 1955 zusammen mit der Turn- und Festhalle errichteten Schulgebäude bedeutet. In harten Verhandlungen mit der Schulbehörde bewährte sich Bürgermeister Mathis als Mittler. Nach der dabei gefundenen „flexiblen Lösung" wurden 20 Jahre lang alle Erst- und Zweitklässler der Gesamtgemeinde in Schmieheim, alle Dritt- und Viertklässler in Kippenheim unterrichtet. In der Regel waren es zwei, bisweilen auch drei Parallelklassen pro Jahrgang. Dies erforderte den täglichen Transport von bis zu 150 Grundschulkindern zwischen den beiden Ortsteilen. Dank der ansteigenden Geburtenzahlen und der erneuten Raumnot in Kippenheim sah sich die Gemeinde sogar gezwungen, 1993 bis zur Behebung des Mangels 1998, zwei „Container-Klassenräume" auf dem Schmieheimer Schulgelände zu installieren.

Nachdem Bernhard Burth 1989 nach 31 verdienstvollen Schmieheimer Jahren in den Ruhestand getreten war, arbeitete sich Arno Radziwill in die Verbindungsfunktion zwischen dem Kippenheimer Haupthaus und der Außenstelle Schmieheim ein – ohne offizielles „Amt" und zusätzliche Vergütung. Von 1994 bis 2014 wurde er als Kooperator zwischen den drei Kindergärten und der Schule zum Begleiter eines bruchlosen Übergangs beim Anmeldeverfahren, bei Einschulungstests, bei der Elternberatung und bei der Kooperation mit dem Gesundheitsamt. Während seiner letzten Dienstjahre engagierte sich Arno Radziwill in dem überörtlichen Projekt „Schulfähiges Kind".

20 Jahre nach dem ersten „Aufstand" von 1976 löste eine weitere, aber deutlich kleinere „Revolution" im Jahre 1996 mein Vorschlag aus, nicht mehr komplette Jahrgänge mit dem Schulbus hinüber und herüber zu fahren, sondern alle Schmieheimer Grundschüler im Heimatort zu ihrer Schule gehen zu lassen und Kippenheimer Kinder nur noch zu fahren, soweit dies zur Bildung von Jahrgangsklassen notwendig war. Im Sinne ökonomischer, ökologischer und pädagogischer Einsichten führte der Vorstoß

4 Ebd. S. 36ff.

zum Erfolg[5]. Jetzt mussten nur noch maximal 40 Grundschüler täglich in nur einer Richtung auf den Schulbus, für den sich Kippenheimer Eltern freiwillig entschieden.

Neue Herausforderungen

Eine besondere Herausforderung für die Schulen des Landes, ganz besonders für Kippenheim, brachten die politischen Umwälzungen um das Jahr 1990. Übersiedler aus der DDR und noch mehr Spätaussiedler aus der zerfallenden Sowjetunion kamen als ganze Familien ins Land und zogen – zumindest vorübergehend – dort ein, wo sich Platz bot. Ein Kippenheimer Gastronom schuf kurz entschlossen in einem Gästehaus Wohnungen für Aussiedlerfamilien. Weitere private Wohnungsangebote verstärkten den Zuzug. „Täglich", erzählte Rektor Kunz, „standen neue Kinder mit ihren Eltern, oder der Sprache wegen mit den Großeltern, vor dem Rektorat. 240 Zugänge waren es von 1989 bis 1992, mehr als manche Schule im Kreis Schüler hat." Allerdings blieb nur etwa ein Drittel von ihnen. Die Fluktuation wurde besonders groß, als durch den Wegzug der Kanadier in Lahr Hunderte von Wohnungen frei wurden. Die Schülerzahl stieg zunächst rasant von 380 im Schuljahr 1991/92 auf 455 Schüler 1993/94, schließlich 1994/95 auf den Höchststand mit 480. Dann aber verließen im zweiten Jahr meiner Arbeit in Kippenheim etwa 100 Aussiedlerkinder die Schule, vor allem zur Theodor-Heuss-Hauptschule in Lahr. Die Zahl sank 1995/96 auf 418.

Schüler und Lehrkräfte hatten unter diesen Umständen Großes zu leisten. Manchmal wussten die Lehrer nicht, wie viele und welche Schüler am nächsten Tag vor ihnen sitzen werden[6]. Welche sprachlichen und schulischen Kenntnisse hatten sie? Waren sie besser zu fördern in einer niedrigeren Klassenstufe oder in der höheren? Von der kyrillischen Schrift mussten die aus dem russischen Schulsystem Kommenden umlernen auf die lateinische. Hochbegabte, schnell lernende Kinder waren darunter. Als Siebtklässler gekommen, waren manche bei der Entlassung aus der Neunten unter den Besten. Aber auch unwillige Verweigerer waren dabei, die lieber bei ihren Kameraden in Kasachstan[7] geblieben wären. Bewegend sind die Berichte der Lehrkräfte im „Aussied-

---

5 Befeuert wurde dieser Widerstand durch einen Schulrat, der in Schmieheim wohnte und im Kippenheimer Gemeinderat saß. Der für die Zuweisung der Lehrerstunden zuständige Schulrat des Staatlichen Schulamtes Offenburg stellte mit seiner Personalplanung dann die Weichen zu der bis heute gültigen Regelung.

6 Eine kleine, typische Szene erzähle ich gerne: Ich ging zur Vertretung eines kranken Kollegen in seine Klasse, es war eine zweite, richtete mich fragend an einen schüchtern Dasitzenden. Da stand ein kräftiger Blonder auf und sagte in seinem prägnanten Aussiedlerdeutsch: „Dään dirrffen sie nicht frragen, das ist ein Rrusse!"

7 Viele der Familien hatten über mehrere Generationen hin Verschleppung und Umsiedlung hinter sich: So waren Wolga-Deutsche nach dem Überfall Deutschlands auf die Sowjetunion unter dem Verdacht der Kollaboration aus ihren Dörfern nach Sibirien und Zentralasien deportiert worden. Ein Teil von ihnen siedelte während der nachstalinistischen Ära (der sowjetische Diktator starb im März 1953) nach Kasachstan oder andere Teilrepubliken um und baute sich auch dort eine neue Existenz auf. Doch in der Zeit des Verfalls der Sowjetunion wurden sie hier erneut als „Deutsche" und „Faschisten" drangsaliert. Klaus Fuchs erzählt dazu in der Jubiläumsschrift von 1992 ein konkretes Beispiel.

lerunterricht" über ihre Arbeit und Erfahrungen mit diesen Kindern in der Jubiläumsschrift.

Fachräume für die Hauptschule

Trotz aller bisherigen Anstrengungen und Aufwendungen der Gemeinde mussten nach meinem Amtsantritt im Februar 1994 wieder zwei Klassen im Altbau „unterm Dach" unterrichtet werden. Unvollkommen war das Arbeiten in den provisorischen Räumen für Technik und EDV; der Physik/Chemiesaal hatte den Vorbereitungsraum schräg über dem Flur und wurde auch für andern Unterricht genutzt. Räume für Musik, Filme und Schulveranstaltungen, oder gar Räume für Unterricht mit kleineren Gruppen fehlten ganz.

Die Notwendigkeit, neuen Schulraum zu schaffen, war von den Verantwortlichen längst erkannt und verschiedene Lösungen waren erwogen worden[8]. So hatte man daran gedacht, zunächst eine neue Grundschule an einem andern Standort zu errichten und erst danach die eigentlich dringenderen Probleme der Hauptschule zu lösen. Dies hätte für die Gemeinde zwei große Bauvorhaben nacheinander und anschließend das Aufgeben des bewährten und beliebten Standortes Schmieheim bedeutet.

In intensiven Gesprächen mit Bürgermeister Matthis, allen Fraktionen des Gemeinderats und der Bauabteilung des Oberschulamtes – diese war für die Vorgaben der staatlichen Schulraumplanung und die Gewährung der staatlichen Zuschüsse zuständig – wurde die Lösung gefunden in Form des Anbaus, nördlich angeschlossen an den Bau von 1965. Der Gemeinderat stimmte schließlich der überzeugenden Planung der Werkgruppe Lahr zu. Die Baufirma Grafried, Freiburg, begann im Herbst 1997 ihre Arbeit mit dem Abriss der am nunmehrigen Mittelbau außen hängenden Treppe. Zügig gingen die Arbeiten im Zusammenwirken von Architekten, Baufirmen, Rathaus und Schulleitung voran. Ab Sommer 1998 konnten die neuen Räume sukzessive bezogen und im Oktober die Einweihung gefeiert werden. Zwischen vier und fünf Millionen DM kosteten der Bau und die neuen Einrichtungen.

Historisches Erbe – Verpflichtung für die Zukunft

Im Hauptteil dieser Arbeit ist dargestellt, wie sehr die jüdische Gemeinschaft zum historischen Erbe Kippenheims gehört. Aber von den Nachkriegsjahren bis in die 1990er-Jahre konzentrierten sich alle Kräfte der Schule auf die Bewältigung der wachsenden Schülerzahlen und die Schaffung der nötigen Schulräume, auf die Entwicklung der Hauptschule aus der Volksschuloberstufe, auf neue Lehrpläne und Schulgesetze; diese brachten auch eine Demokratisierung im Innern, sowohl des Unterrichts wie auch die Mitwirkung von Eltern und Schülern mit sich.

War die Gemeinde in der Vorkriegszeit noch „Örtliche Schulbehörde", so war sie während der Naziherrschaft gleichgeschalteter Befehlsempfänger, heute ist sie zum „Schulträger" geworden; der ist für die sachliche Ausstattung der Schule (Gebäude, Lernmittel, Lehrmittel und Personal im Dienste der Gemeinde) zuständig. Die Einstellung, Besoldung und dienstliche Aufsicht der Lehrkräfte liegt heute in der Kompetenz

8 Siehe hierzu die Ausführungen von Bürgermeister Mathis in *100 Jahre Altes Schulhaus* S. 47.

des Landes Baden-Württemberg und seiner Schulverwaltung. Allein bei der Besetzung der Schulleiterstellen ist den Kommunen noch eine Mitsprache geblieben.

Eine Auseinandersetzung mit dem jüdischen Erbe Kippenheims, mit dem Schicksal der israelitischen Schulkinder, mit der Flucht und der Ermordung vieler im „Dritten Reich“ und mit der Auslöschung der jüdischen Gemeinde fand lange Zeit im Leben der Schule kaum Beachtung. In der Jubiläumsschrift von 1992 streift der Aufsatz „Die Kippenheimer Schule während des Nationalsozialismus“[9] nur kurz das Schicksal jüdischer Schulkinder. Der Besuch der von der Gemeinde Kippenheim eingeladenen ehemaligen Schüler im Oktober 1990 wird dort nicht erwähnt. Der Begehung der Schule fand am Abend statt, und die Ehemaligen konnten sich in „ihren“ alten Klassenzimmern auf „ihre“ Plätze setzen. Ich selbst wurde als Sechzehnjähriger bei einem Besuch im ehemaligen KZ Mauthausen für die Verbrechen Nazi-Deutschlands sensibilisiert; und 1957, an meinem ersten Diensttag als Lehrer, verpflichtete mich mein Schulleiter zum Geschichtsunterricht. Seither begleitet mich das Schicksal der jüdischen Bürger Deutschlands. Meiner daraus erwachsenden Verpflichtung als Lehrer bemühte ich mich vor allem im Geschichtsunterricht der Hauptschul-Abschlussklassen gerecht zu werden, ihnen ist im Lehrplan die Auseinandersetzung mit dem „Dritten Reich“ zugewiesen.

Kippenheim war die erste Gemeinde meines Lehrerlebens, in der früher jüdische Bürger gewohnt hatten. Hier wurde ich mit deren Schicksal direkt konfrontiert. Für die auch zu Kippenheims jüdischer Geschichte wachsende Literatur richtete ich in der Lehrerbibliothek eine eigene Abteilung ein und machte das Thema zum Gegenstand von Lehrerkonferenzen. Kollege Klaus Fuchs brachte aus dem Religionsunterricht des Schuljahres 1995/96 die Idee mit, der Schule den Namen des jüngsten in Kippenheim geborenen Kindes, Inge Auerbacher, zu geben. Nach intensiven Beratungen befürworteten alle Gremien der Schule (Gesamtlehrerkonferenz, Elternbeirat, Schülerrat und Schulkonferenz) den Vorschlag, der als formeller Antrag an die Gemeinde ging. Der Gemeinderat ist für die Einreichung eines Antrags zur Namensgebung beim Oberschulamt zuständig. Er lehnte leider ab[10].

Zu bewegenden Erlebnissen wurden die Begegnungen ehemaliger jüdischer Kinder mit Schülern und Lehrern[11]: Im Oktober 1997 berichtete Hedy Epstein, geborene Wachenheimer, in der Ehemaligen Synagoge vor Schülern und vor der Lehrerkonferenz über ihr Schicksal. Im August 1998 und im Juni 2001 wurde Inge Auerbacher von der ganzen Schule empfangen und von einzelnen Klassen, die sich mit ihrem Buch *Ich bin ein Stern* auseinandergesetzt hatten. Kurt S. Maier empfingen wir im Mai 2000 an der Tür des alten Schulhauses von 1892; durch diese Tür war er am 10. November 1938 zusammen mit seinem Bruder Heinz Z. Salomon Maier von den Lehrern hinausgewiesen worden.

Im Juni 2001 wurde die Schule mit dem ersten *Inge-Auerbacher-Preis* des Deutsch-Israelischen Arbeitskreises Südlicher Oberrhein geehrt. Der Projektbericht *Jüdisches Leben im Leben der Schule*[12] hatte den Ausschlag für diese Ehrung gegeben. Das jüdische Erbe bleibt eine stetige Verpflichtung für die heutige Grund- und Werkrealschule Kippenheim-Mahlberg.

---

9 Martha Nowack *Die Kippenheimer Schule während des Nationalsozialismus* in der Festschrift S. 28

10 Näheres hierzu im Kapitel „Meine Kinder sind die Kinder der Welt“, S. 98

11 Ebd. S. 91–98

12 Ein Exemplar des Projektberichts steht in der Lehrerbücherei der Schule.

50 Jahre Ringen um Anerkennung

Die Hauptschule war bei der Neukonstruktion der Volksschule in Baden-Württemberg als „Haupt"-Schule für die Mehrheit der Schülerjahrgänge gedacht. Neu für das ehemalige Baden waren die Realschulen, die blieben zunächst, wie in Ettenheim und Lahr, als Realschulzüge den Hauptschulen angegliedert. Die 1967 gegründete Heimschule Ettenheim installierte neben dem Gymnasium ebenfalls eine Realschule. Zusammen mit den Lahrer Schulen stand den Kippenheimern nun ein deutlich breiteres Angebot weiterführender Schulen zur Verfügung. Bei den jährlichen Informationsabenden für die Eltern der Viertklässler stellte jede Schulart die Vorzüge ihres Bildungsganges dar. Unter dem Leitsatz „Kein Abschluss ohne Anschluss" zeigten die Beruflichen Schulen die Durchlässigkeit des baden-württembergischen Schulsystems und die Möglichkeiten des Mittleren Bildungsabschlusses über die Berufsausbildung und die Berufsfachschulen auf, sowie die Zugänge zur Hochschule über die Beruflichen Gymnasien.

Gleichzeitig mit dem 1966/67 vollzogenen Übergang zu den neuen Schulformen setzte eine von der Landesregierung geförderte Bildungswerbung ein. „Student aufs Land" hieß eine Kampagne, mit der Studenten bei Elternabenden in den Landgemeinden für die höheren Bildungsabschlüsse warben. Fatal wirkte sich der von der Landesregierung kreierte Slogan aus: „Schick Dein Kind *länger* auf *bessere* Schulen!" Wer wollte da noch sein Kind „kürzer", auf die „schlechtere" Schule schicken? Hinzu kam, dass für die Lehramtsstudenten der Anreiz, den Studiengang für die Grund- und Hauptschulen zu wählen, gegenüber dem für Realschulen deutlich geringer war dank deren höherer Besoldung. Wer dennoch das Lehrfach für Grund- und Hauptschulen studierte, wählte i. d. R. den Stufenschwerpunkt Grundschule. In der Praxis angekommen, mussten die jungen Lehrkräfte, bei denen der Anteil der Frauen ständig zunahm, dann doch in Hauptschulklassen unterrichten.

Auch in Kippenheim wurden trotz einer engagierten Arbeit der Lehrkräfte, die bei Eltern, Handwerk und Beruflichen Schulen anerkannt war, die „Übergangszahlen" zur Hauptschule immer geringer. In Gymnasium und Realschule „durfte man gehen", in der Hauptschule „musste man bleiben". Der für jedes Kind der vierten Klasse erstellten „Grundschulempfehlung", die den Besuch von Hauptschule, Realschule oder Gymnasium empfahl, folgten die Kippenheimer Eltern weitgehend.

Große Anstrengungen für die baulichen und inneren Ausstattungen ihrer Schulen unternahmen Gemeinden ohne Realschule oder Gymnasium wie Kippenheim oder Mahlberg. Die beiden nah benachbarten Orte investierten mehrere Millionen in die Schaffung von Fachräumen für die Hauptschule.

Mehrere Anläufe der Landesregierung zur „Aufwertung der Hauptschule" konnten seit deren Start 1966/67 die schwindende Akzeptanz nicht aufhalten. Das EBA (Erweitertes Bildungsangebot) und die Hauptschulabschlussprüfung wurden eingeführt. Die berufliche Orientierung (OiB = „Orientierung in Berufsfeldern") verbesserte den Übergang in das breitgefächerte System der beruflichen Bildung im Zusammenwirken mit der in Baden-Württemberg vorbildlichen Durchlässigkeit zwischen den Schularten; sie garantiert „keinen Anschluss ohne Abschluss"[13]. Hinzu kam 1991 das „9+1", das mit-

13 Siehe hierzu die Ausführungen von Konrektor Dieter Laux in der Jubiläumsschrift 1992, S. 73

tels eines zehnten Schuljahres an zentralen Werkrealschulen zu dem mit der Realschule gleichwertigen Mittleren Abschluss führt.

Die Lehrerschaft der Grund- und Hauptschulen stand in diesen Jahrzehnten von mehreren Seiten her ständig unter Druck. Die Grundschullehrkräfte hatten die Grundfertigkeiten und Grundkenntnisse für die weiterführenden Schullaufbahnen zu schaffen. Die Eltern drängten dabei auf die ihrer Ansicht nach „bessere" Grundschulempfehlung. Die Hauptschulleute aus dem eigenen Haus erwarteten, dass für ihre Arbeit noch „Potenzial" übrig blieb. Die Schulleitungen mussten für ein möglichst korrektes Übergangsverfahren sorgen. In den Hauptschulen blieben so neben den „Vorzeigehauptschülern" – sie wurden von Betrieben und Berufsschulen immer gelobt – auch die weniger Lernfähigen und Lernwilligen. Dazu kamen immer neue Schülergruppen, welche den Bildungsgängen in Realschule und Gymnasium nicht folgen konnten (siehe den Abschnitt „Neue Herausforderungen"), vor allem in den Städten waren es zusätzlich die Kinder aus „sozialen Brennpunkten".

Unter diesen Umständen leisteten die Lehrkräfte an den Schulen mit dem geringsten Prestige und mit der geringsten Bezahlung (die für die berufsvorbereitenden Fächer unentbehrlichen Fachlehrer wurden am schlechtesten bezahlt) über ein halbes Jahrhundert hin Hervorragendes. Sie holten für die baden-württembergische Bildungspolitik „die Kohlen aus dem Feuer".

Umwälzungen und Neuorientierung

In den vergangenen Jahrzehnten wuchs die Zahl der Familien, in denen Vater und Mutter einer beruflichen Arbeit nachgehen. Hierfür schuf die Gemeinde Kippenheim 1999 mit der „verlässlichen Grundschule" die Betreuungsmöglichkeit für Grundschüler in den „Kernzeiten" vor und nach dem stundenplanmäßigen Unterricht. Nach anfänglichen Anlaufschwierigkeiten gehört sie heute zu den selbstverständlichen Angeboten der Schule.

Bis Ende der 1990er-Jahre hatte die Schule Kippenheim immer wieder einmal Einschulungsjahrgänge mit um die 70 Kinder für drei parallele Grundschulklassen und sogar nach 2000 noch zweizügige Hauptschulklassen. Mit dem Zusatzunterricht ab Klasse 7, der den Zugang zu Klasse 10 und damit zum Mittleren Abschluss eröffnete („9+1"), erhielt die Schule die Bezeichnung „Grund-, Haupt- und Werkrealschule". Ab 1995 gingen auch Kippenheimer Hauptschüler diesen Weg über die zentrale Klasse 10 in Ettenheim.

Während der Jahre unter der Schulleitung von Barbara Kempf entstand auf der Rasenfläche im nördlichen Anschluss an den Neubau ein Pausenhof für die Grundschüler. Das Rektorat und die Kommunikation mit Kollegium und Schülerschaft wurden durch eigene Räume für Rektor, Konrektor und Sekretariat, sowie mit einem neuen Lehrerzimmer, völlig neu gestaltet, um den gewachsenen Erfordernissen gerecht zu werden. 2006 gründete sich zur Unterstützung der schulischen Arbeit der „Förderverein Grund- und Hauptschule Kippenheim". Er wurde mittlerweile, der Entwicklung der schulischen Neuordnung entsprechend, in „Förderverein Grund- und Werkrealschule Kippenheim" umbenannt.

Im ersten Jahrzehnt des neuen Jahrhunderts ließen zwei gleichzeitige Entwicklungen die Schülerzahlen der Haupt- und Werkrealschulen auch in Kippenheim und im benachbarten Mahlberg verstärkt sinken: Der immer drängendere Elternwunsch Richtung Realschule und Gymnasium einerseits und die fallenden Geburtenzahlen andererseits erbrachten für die Eingangsklassen der künftigen Werkrealschulen nicht mehr die nötigen Schülerzahlen. Die Gesamtschülerzahl in Kippenheim ging von 385 im Schuljahr 2000/01 bis 2010/11 auf 354 zurück, nur rund ¼ davon in den fünf Hauptschulklassen.

Zusätzlich verschärfte Baden-Württemberg die Vorgaben für die Klassenbildung der Werkrealschulen mit der Forderung nach Zweizügigkeit. Gegen Ende der Rektoratszeit von Barbara Kempf (2010) wurden in Beratungen der zwei Gemeinden mit den beiden Schulleitungen die Weichen für eine gemeinsame Schule gestellt. Mit Zustimmung der Schulbehörden ging man an die Konstruktion der neuen Grund- und Werkrealschule Kippenheim-Mahlberg.

Grund- und Werkrealschule Kippenheim-Mahlberg

Mit dem Weggang von Rektorin Kempf aus Kippenheim stellte sich die Frage einer gemeinsamen Schulleitung. Nachdem Konrektor Dieter Laux während des Schuljahres 2010/11 „die Stellung gehalten hatte", wurde der Mahlberger Rektor Reinhard Funk zum gemeinsamen Schulleiter mit Sitz in Kippenheim bestellt.

Kaum im Amt, hatte sich Funk mit seiner Schule neuen Herausforderungen zu stellen. Nach allen bisherigen Umwälzungen und Verunsicherungen kreierte die aus den Landtagswahlen 2011 hervorgegangene grün-rote Landesregierung die „Gemeinschaftsschule" als völlig neue Schulform, als „Schule der Zukunft für alle". Kinder aller drei weiterführenden Schulen sollten in ihr gemeinsam unterrichtet und sogar bis zum Abitur geführt werden. Gleichzeitig wollte man über die „Inklusion" die der Sonderpädagogik bedürftigen Kinder auch in allen „Regelschulen" angemessen fördern. Überdies hob die neue Landesregierung die Verbindlichkeit der Grundschulempfehlung auf. Die ohnehin durch die Entwicklung der Zahlen gefährdeten Haupt- und Werkrealschulen im Land versuchten nun, ihren Bestand mit dem Antrag auf Errichtung als „Gemeinschaftsschule" zu sichern. Die neue Schule Kippenheim-Mahlberg kam mit ihrem Antrag nicht zum Zuge.

Zwei Vorgänge brachten für Kippenheim-Mahlberg Entlastung vom permanenten Druck und die Chance, in Ruhe ein eigenes Profil zu entwickeln: Einerseits die Entscheidung des Lahrer Gemeinderats, die Schule in Lahr-Sulz nur noch als Grundschule weiter zu führen. Statt in die Lahrer Werkrealschulen zu gehen, wechselten etliche Sulzer Schüler nach Kippenheim. Zum andern entfiel inzwischen wieder die Bedingung der Zweizügigkeit.

Der große Erweiterungsbau von 1965 und der Anbau von 1998 beherbergen heute die Mehrzahl der Unterrichtsräume der Grund- und Werkrealschule Kippenheim-Mahlberg (Aufnahme 2015)

Die Kippenheimer Schule

Im 18./19. Jahrhundert Konfessionsschulen: evangelisch, katholisch, israelitisch
1874 Volksschule Kippenheim als badische „Simultanschule" für alleKonfessionen
1938 Letzte israelitische Schüler werden ausgewiesen
1966 Grund- und Hauptschule Kippenheim (mit Außenstelle Schmieheim)
1994 Erste Werkrealschüler gehen zur Klasse 10 nach Ettenheim
2011 Grund- und Werkrealschule Kippenheim-Mahlberg

Die Schule im Jahr 2017

Unter Rektor Stefan Kaltenbach (seit 2014), unterstützt von Konrektorin Tanja Cichowlas (seit 2015), konnte die Grund- und Werkrealschule Kippenheim-Mahlberg in ruhigeres Fahrwasser geführt und konsolidiert werden. Seit der Vereinbarung zwischen den beiden Gemeinden ist die Mahlberger Grundschule mit einem eigenen Rektorat abgetrennt, zu ihr gehören auch die Grundschüler aus dem Stadtteil Orschweier.

Dem Kippenheimer Rektorat unterstehen die Werkrealschulklassen aus den beiden Gemeinden. Die Klassen fünf, sechs und sieben sind dem Standort Kippenheim zugeordnet, acht und neun werden im Schulhaus Mahlberg unterrichtet. Eine Klasse 10 kommt derzeit nicht zustande, da nach wie vor Schüler nach Klasse 9, „mit dem Hauptschulabschluss in der Tasche", die altbewährten Wege gehen: Direkt in die Berufsausbildung, in die Klasse 10 einer andern Werkrealschule oder über die gefächerten Möglichkeiten des beruflichen Schulwesens zum Mittleren Abschluss und von da in den Beruf oder ins Hochschulstudium.

Die Grundschüler aus Kippenheim und Schmieheim werden weiterhin an den beiden Standorten unterrichtet. Zu beiden Häusern gehören jeweils eigene Jahrgangsklassen von der ersten bis zur vierten. Zusätzlich sind in Kippenheim zwei Familienklassen angeboten, in ihnen werden Kinder vom ersten bis zu vierten Jahrgang gemeinsam unterrichtet. Im Schuljahr 2016/17 hat die Grund- und Werkrealschule Kippenheim-Mahlberg 296 Schüler.

Namen, Zahlen, Geschichte

Nachdem die Volksschule Kippenheim vom Gründungsbeschluss der Gemeindeväter 1874 bis 1966, immerhin 92 Jahre lang, den weitaus größten Teil der Kippenheimer Jugend zum Schulabschluss geführt hatte, bewährte sich die Hauptschule etwas mehr als ein halbes Jahrhundert, mit schwindenden Schülerzahlen.

In der Ära der Volksschule war Hermann Zimmern (1982–1922)[14] der Lehrer mit den meisten Dienstjahren in Kippenheim, 40 Jahre lang! In der Ära der Hauptschule war Konrektor Dieter Laux während 31 Dienstjahren (1983–2014) die beständigste Größe. Für vier Rektoren war er ein loyaler und zuverlässiger Teil der Schulleitung. Als Hauptverantwortlichem für die Stundenpläne – nach der Vorgabe der Lehrauftragsverteilungen durch die Schulleiter – gelang es ihm, diese Pläne sowohl so lehrer- wie auch so schülerfreundlich als nur möglich zu gestalten. Er war auch Verantwortlicher für den Hauptschulbereich und die Berufsberatung. Zweimal leitete er bei verzögerten Wechseln im Rektorat kommissarisch die Schule.

Die Rektoren der neueren Schulgeschichte sind
Max Wiegert (1960–1981),
Karl-Heinz Kunz (1982–1993),
Karl Kopp (1994–2001),
Barbara Kempf (2001–2010),
Reinhard Funk (2011–2014).

Die vielen Lehrkräfte dieser Zeiten – einige von ihnen prägten über Jahrzehnte mit engagierter und qualifizierter Arbeit das Leben und das Gesicht der Schule – mögen es mir nachsehen, dass sie alle hier unmöglich genannt werden können. So viele gaben ihr Bestes: Klassenlehrer (gleichzeitig für bestimmte Fächer zuständig), Fachlehrer (z. B. für Technik und Sport), Verantwortliche für Lehr- und Lernmittel und Büchereien samt zugehörigen Räumen, stundenweise Religionslehrkräfte, solche, deren Lehrauftrag auf mehrere Schulen verteilt war, viele junge Kolleginnen und Kollegen in der Ausbildung und Krankheitsvertretungen.

Nicht wegzudenken aus dem Schulleben sind auch die Mitarbeiter, die von der Gemeinde eingestellt werden für die vielen notwendigen Arbeiten außerhalb des Unterrichts: Die Sekretärinnen als „mitdenkende rechte Hand" der Schulleitung und die Hausmeister, welche zusammen mit den Reinigungskräften die Gebäude und Außenanlagen „in Schuss" halten.

Wichtige Rollen im Leben jeder Schule schreibt das baden-württembergische Schulgesetz der Mitwirkung der Eltern und der Schüler zu. Schülerrat, Klassenpfleg-

14 Siehe hierzu das Kapitel „Das Kippenheimer Lied" im Hauptteil dieser Arbeit.

schaften, Elternabende und Schulkonferenz wirken eher nach innen. Die Arbeit des Elternbeirats wird dagegen eher nach außen sichtbar. Er ist das unentbehrliche „Scharnier" zwischen Schulleitung, Kollegium und Elternschaft. Und was wären die Schulfeste ohne die tatkräftige Mitwirkung des Elternbeirats! Aus den Erlösen ermöglichte er manche Anschaffung, seit 2006 zusammen mit dem Förderverein der Schule. Als Ehrenamtliche waren und sind die Vorsitzenden des Elternbeirats verlässliche Partner.

Sekretärinnen

Klara Bruder (1978–1998)
Ulrike Zähringer (seit 1998).

Hausmeister

Alfred Störk (bis1988)
Richard Sutterer (1988–2006)
Bernhard Kempf (seit 2006),

Vorsitzende des Elternbeirats

Erwin Stulz (bis 1990),
Willi Schuhmacher (1990–2003),
Edith Frank (2003–2005)
Kristina Palleit (2005–2007)
Renate Kreplin (2007–2009)
Rebekka Schlöpke (2009/10 und 2011/12)
Carmen Steiner (2010/11)
Beate Jörger-Hoffmann (2012/13)
Mathias Stulz (2013/14)
Marva Bertelmann-Sexauer (seit 2014)

Im Jahr 2015 richtete die Gemeinde im Schulgebäude von 1892 eine Kindertagesstätte ein. Diese bietet auch eine Betreuung für Kleinkinder und für behinderte Kinder an. Durch bauliche Veränderungen wurde die Trennung von den schulischen Teilen des gesamten Baukomplexes vollzogen.

Mit dieser einschneidenden innerbaulichen Umgestaltung und mit der neuen Nutzung des alten Gebäudes gehört die VOLKSSCHULE KIPPENHEIM endgültig der Geschichte an.

Zehn Schriftzeichen – in der Giebelseite des Gebäudes eingemeißelt – bleiben zur Erinnerung an eine über viele Jahrzehnte beständige, zuletzt immer wechselvollere Schulgeschichte:

Schule
1892